AF497428

COURS COMPLET

DE

MUSIQUE VOCALE

ORLÉANS — IMPRIMERIE ET LITHOGRAPHIE E. CHENU, RUE CROIX-DE-BOIS, 21.

COURS COMPLET

DE

MUSIQUE VOCALE

(THÉORIE & PRATIQUE)

PAR

Alexandre LEMOINE

MAITRE DE CHAPELLE A LA CATHÉDRALE D'ORLÉANS

Iᵉʳᵉ PARTIE — COURS ÉLÉMENTAIRE

PRIX : 5 FRANCS NET

PARIS	**ORLÉANS**
Cʜ. FOURAUT	A LA LIBRAIRIE CLASSIQUE
Libraire, 47, rue St-André-des-Arts	DE
COLOMBIER	**SÉJOURNÉ**
Éditeur de musique, 6, rue Vivienne	41, rue des Carmes

1867.

COURS COMPLET

DE

MUSIQUE VOCALE

(THÉORIE & PRATIQUE)

Iᴱᴿᴱ PARTIE — COURS ÉLÉMENTAIRE

THÉORIE

CHAPITRE Iᵉʳ. — DE LA GAMME DIATONIQUE.

La Musique et le Son musical. — l'Alphabet des Sons et la Solmisation.

1. La Musique est l'art de bien chanter ; elle a pour élément le son musical (¹).

2. On prononce les sons musicaux au moyen des sept syllabes : DO, RÉ, MI, FA, SOL, LA, SI. Ces syllabes forment l'alphabet de la musique, comme les lettres A B C D, etc., forment l'alphabet du langage.

3. Lorsqu'on produit des sons musicaux en prononçant les syllabes qui servent à les nommer, on solfie ; l'action de solfier, qu'on nomme *solmisation,* est le préliminaire obligé de toute instruction musicale.

Le Tétracorde : Do, Ré, Mi, Fa. — Les Sons graves et les Sons aigus. —
Ce qu'on nomme Intonation. — L'Intervalle de Seconde.

4. On peut faire un premier exercice de solmisation en appliquant aux quatre premières syllabes de l'alphabet musical le son qu'on est convenu de leur attribuer. La disposition de ces quatre syllabes sur le *Tableau omnitonique* donne une idée des mouvements que la voix doit faire pour les solfier.

Exercice pratique au Tableau (²).

(¹) Le mot *Musique* tire son origine du mot *Muses,* parce que, disent les anciens auteurs, c'est par ce mot qu'on désignait tous les arts dont les Muses étaient le symbole. Ce n'est que depuis peu de siècles que le mot « musique » a été restreint à n'exprimer que le chant des voix et des instruments.

(²) On fera solfier *do, ré, mi, fa,* en montrant avec une baguette, au *Tableau omnitonique,* les syllabes du n° 1 des *Exercices pratiques.* On fera observer un court silence à chaque barre, en éloignant la baguette du *Tableau.* Les points chiffrés qui accompagnent la gamme du centre, n'ont, pour le moment, aucune signification.

2

5. Une série de quatre sons, disposés dans l'ordre alphabétique, se nomme *tétracorde*. En solfiant le tétracorde, formé des notes *do, ré, mi, fa*, on remarque que la voix s'élève en allant de *do* à *ré*, de *ré* à *mi*, et de *mi* à *fa*, et qu'elle s'abaisse en allant en sens contraire. Il y a donc des sons bas et des sons élevés. Les sons bas se nomment *sons graves*, les sons élevés s'appellent *sons aigus*.

6. La règle des mouvements de la voix allant du grave à l'aigu, ou de l'aigu au grave, se nomme INTONATION.

7. La distance d'un son grave à un son aigu, ou d'un son aigu à un son grave, se nomme *intervalle*. L'intervalle prend le nom d'intervalle *supérieur* lorsqu'il va de bas en haut ; il prend le nom d'intervalle *inférieur* lorsqu'il va de haut en bas (¹).

8. L'intervalle existant entre deux sons qui se suivent dans l'ordre alphabétique, soit en montant, soit en descendant, se nomme intervalle de *seconde*.

9. En examinant l'échelle qui représente le tétracorde *do, ré, mi, fa*, et surtout en s'écoutant solfier, on remarque que les secondes représentées par les syllabes *do, ré*, et *ré, mi*, sont plus grandes, que la seconde représentée par les syllabes *mi, fa*. A cause de leur différence de grandeur, les intervalles prennent des noms différents : les deux grandes secondes s'appellent *secondes majeures*, la plus petite se nomme *seconde mineure*.

10. On se sert du mot *ton* pour exprimer la distance comprise entre deux sons formant une seconde majeure, et du mot *demi-ton* pour exprimer la distance comprise entre deux sons formant une seconde mineure : les mots *ton* et *seconde majeure, demi-ton* et *seconde mineure*, ont donc ici la même signification.

La Tierce et la Quarte.

11. Si l'on va d'un son quelconque au troisième son supérieur ou inférieur, on forme un intervalle de *tierce*. Le tétracorde *do, ré, mi, fa*, donne deux espèces de tierces : la tierce majeure *do, mi*, qui comprend deux tons, et la tierce mineure *ré, fa*, qui ne contient qu'un ton et un demi-ton. (Voyez le *Tableau omnitonique*.)

12. Lorsqu'en partant d'un son quelconque on va au quatrième son supérieur ou inférieur, on forme un intervalle de *quarte ;* les deux termes du tétracorde *(do, fa)* forment une *quarte mineure* qui comprend deux tons et un demi-ton. On verra plus tard où se trouve la *quarte majeure*.

Exercice pratique au Tableau (¹).

Le Tétracorde : Sol, La, Si, Do.

13. Au-dessus du tétracorde *do, ré, mi, fa*, on voit au *Tableau omnitonique* un second tétracorde représenté par les syllabes *sol, la, si, do*. Ce deuxième tétracorde

---

(¹) Nous croyons à peine utile de dire que les développements théoriques doivent être accompagnés d'exemples solfiés au *Tableau omnitonique* et interrompus par de fréquentes questions. Tous les professeurs savent comment stimuler ici l'attention et l'émulation des élèves.

(²) On fera solfier au *Tableau omnitonique* les exercices pratiques nᵒˢ 2 et 3, en en montrant les syllabes, comme il a été dit précédemment pour les intervalles de secondes.

est exactement semblable au premier. Pour faire voir immédiatement la parfaite ressemblance de ces deux tétracordes, nous les mettrons à côté l'un de l'autre.

Fa 4.	Do 8.
Mi 3.	Si 7.
Ré 2.	La 6.
Do 1.	Sol 5.

Exercice pratique au Tableau [1].

La Gamme diatonique. — Les Degrés. — L'Octave. — L'Étendue des Voix.

14. Après avoir solfié le tétracorde *do, ré, mi, fa*, si l'on fait entendre immédiatement le tétracorde *sol, la, si, do*, on obtient une série de huit sons qui se désigne sous le nom de *gamme diatonique.*

15. La gamme diatonique est symétrique, c'est-à-dire formée de deux tétracordes semblables, séparés entre eux par la seconde majeure *fa, sol.* (Voyez le *Tableau.*)

16. Chaque son de la gamme prend encore le nom de *degré;* on dit indifféremment : le premier son ou le premier degré de la gamme, le deuxième son ou le deuxième degré, etc. ; les chiffres qui, sur le *Tableau omnitonique*, accompagnent les différents degrés, en indiquent l'ordre numérique.

17. Les intervalles de secondes sont formés de ce qu'on appelle des *degrés conjoints;* tous les autres intervalles vont par *degrés disjoints.*

18. La gamme donne une succession de sept intervalles de secondes, savoir : cinq secondes majeures, et deux secondes mineures.

Les secondes majeures vont :

du 1er au 2e degré,
du 2e au 3e —
du 4e au 5e —
du 5e au 6e —
du 6e au 7e —

Les secondes mineures vont :

du 3e au 4e degré,
du 7e au 8e —

[1] On fera solfier *sol, la, si, do*, en montrant au *Tableau omnitonique* les syllabes des *Exercices pratiques* n°s 4, 5 et 6. La solmisation devra être souvent interrompue par des questions sur la qualité des intervalles formés par les notes *sol, la, si, do.* On sait combien il est difficile de maintenir une justesse rigoureuse, surtout dans un cours de jeunes garçons ; nous conseillons donc de faire usage d'un instrument à sons fixes, non pour *accompagner*, mais pour *corriger les écarts des voix*, en faisant entendre de temps en temps une seule note. Nous conseillons aussi de réprimer avec le plus grand soin les efforts de la voix, cause ordinaire de toutes les infractions aux règles de l'intonation.

19. Pour retenir dans sa mémoire la succession des différents intervalles de secondes que contient la gamme, on dit :

TON, TON, DEMI-TON,

TON, TON, TON, DEMI-TON.

20. L'intervalle de huit degrés dans lequel la gamme est renfermée se nomme *octave :* l'octave résume pour ainsi dire tous les sons de la gamme.

21. On a donné au huitième degré le même nom qu'au premier, et, sur le *Tableau omnitoniqne,* on les a numérotés de la même manière, parce que les deux termes d'une octave quelconque ont entre eux une si parfaite ressemblance, que si une voix fait entendre le premier terme tandis qu'une autre fait entendre le deuxième, les deux sons semblent se confondre en un seul et même son : l'octave n'est donc que la répétition du premier son ; elle est l'intervalle le plus facile à entonner, puisque l'un de ses termes donne l'intonation de l'autre.

Il n'y a donc que sept sons différents dans la gamme (¹).

<h2 align="center">Exercice pratique au Tableau (²).</h2>

22. On peut redoubler la gamme soit à partir de son terme supérieur, soit à partir de son terme inférieur ; on répète les mêmes syllabes pour nommer les redoublements, et on les marque des mêmes chiffres, parce qu'ils sont entre eux à la distance d'une octave.

23. Le *Tableau omnitonique* comprend les redoublements accessibles à la voix humaine. La somme totale des sons accessibles à la voix, c'est-à-dire tous les mouvements qu'une voix peut faire en allant du grave à l'aigu ou de l'aigu au grave, forment ce qu'on appelle l'*étendue* ou la *portée de la voix*. L'étendue d'une voix ordinaire est de onze à douze sons.

Les Sons qui donnent l'Idée du Repos, et ceux qui donnent l'Idée du Mouvement.

24. En montant la gamme, si l'on s'arrête sur le septième degré, on remarque que l'oreille reste en suspens jusqu'à ce qu'on ait fait entendre l'octave. Ce n'est que lorsque l'octave a été entendue que l'oreille éprouve le sentiment du repos.

25. Si, en descendant la gamme, l'on s'arrête sur le quatrième degré, on sent encore que le sens est suspendu (³).

26. Il y a donc des sons qui donnent *l'idée du repos*, et d'autres qui donnent *l'idée du mouvement*. Les sons de repos sont le premier degré de la gamme et son octave.

27. Les sons qui donnent l'idée du mouvement sont le quatrième et le septième

---

(¹) On donnera un exemple du rapport de deux sons à la distance d'une octave.

(²) On fera solfier les nᵒˢ 7 et 8 en en montrant les syllabes au *Tableau omnitonique.*

(³) Si, en donnant un exemple solfié, on veut faire sentir fortement la tendance du septième degré, il faut, en montant la gamme, soutenir le quatrième degré ; et, si l'on veut faire sentir la tendance du quatrième, il faut, en descendant la gamme, soutenir le septième. Nous conseillons d'insister sur les principes développés ici ; une idée parfaite de la *propriété des sons* étant évidemment aussi indispensable aux enfants qui apprennent la musique qu'une idée parfaite de la *propriété des mots* l'est à celui qui apprend à parler.

degrés ; le quatrième donne l'*idée du mouvement descendant*, le septième donne l'*idée du mouvement ascendant*.

28. A cause de sa propriété appellative, on donne au septième degré le nom de *note sensible*, c'est-à-dire note qui fait immédiatement pressentir le son de repos. Le quatrième degré n'a pas de nom particulier ; si, après l'avoir fait entendre, en descendant la gamme, on s'arrête sur le troisième degré, on n'éprouve pas l'impression d'un repos définitif ; le troisième degré ne donne l'idée que d'un demi-repos : le repos définitif, le repos parfait, n'a lieu que lorsqu'on arrive au premier degré ; on peut donc dire que le quatrième degré ne fait pressentir le son de repos que *médiatement*, c'est-à-dire en passant par des notes intermédiaires.

La Quarte Majeure.

29. Le quatrième et le septième degré sont à la distance d'une *quarte majeure*. La quarte majeure contient trois tons ; c'est pour cette raison qu'on lui donnait autrefois le nom de *triton*.

30. Puisque ce sont les deux termes de la quarte majeure qui donnent l'idée du mouvement, on peut dire que cet intervalle est *l'âme de la gamme diatonique*.

31. Il faudra remarquer, en solfiant, que le septième degré ne manifeste sa propriété ascendante qu'autant qu'il est entendu soit immédiatement après le quatrième, soit à une faible distance ; à son tour, le quatrième degré ne tend à descendre que lorsqu'il est mis en rapport avec le septième : ainsi, si l'on solfiait isolément les deux tétracordes de la gamme diatonique, on ne sentirait pas plus le besoin de monter après avoir solfié le *si*, troisième degré du deuxième tétracorde, qu'on ne sentirait le besoin de descendre après avoir solfié le *fa*, quatrième degré du premier tétracorde.

32. La tendance en sens contraire des deux termes de la quarte majeure, donne à cet intervalle une certaine dureté, qui le rend difficile à entonner juste. La difficulté disparait si, lorsqu'on va du quatrième au septième degré, on pense que le septième est suivi de sa note supérieure ; et lorsqu'on va du septième au quatrième, si l'on pense que le quatrième est suivi de sa note inférieure (¹). Le septième degré doit donc donner l'idée du huitième, et le quatrième doit donner l'idée du troisième.

Exercice pratique au Tableau (²).

(¹) La précaution de penser à un *son futur* ne doit être prise que pour arriver à entonner juste le *son actuel* ; une fois la difficulté vaincue, la précaution a eu son plein effet ; peu importe ensuite que le septième degré soit suivi du sixième, ou le quatrième du cinquième, etc.

(²) On fera solfier, en en montrant les syllabes au *Tableau*, l'exercice n° 9.

CHAPITRE II. — DE LA MANIÈRE DE REPRÉSENTER LES SONS MUSICAUX.

La Portée et la Clef de Sol.

33. On écrit la musique sur cinq lignes, dont l'ensemble se nomme *portée*. Les lignes de la portée se comptent de bas en haut.

EXEMPLE :

34. La portée se nomme ainsi parce qu'elle contient l'*étendue* ou la *portée* d'une voix, c'est-à-dire les onze ou douze sons qu'une voix ordinaire peut produire (23).

35. On représente les sons musicaux en écrivant sur les lignes et entre les lignes de la portée des figures qu'on nomme *notes*.

EXEMPLE :

36. Les notes se suivent sur la portée selon le degré d'élévation des sons qu'elles servent à figurer. Les sons graves sont représentés par les notes posées sur les lignes du bas, et les sons aigus par les notes posées sur les lignes du haut ; de sorte que l'on voit immédiatement si l'on doit monter ou descendre, puisque les mouvements de la voix sont figurés aux yeux par la position plus ou moins élevée des notes.

37. On a un moyen sûr et invariable de connaître le nom des notes, en plaçant sur une ligne, et au commencement de la portée, un signe de convention qu'on appelle *clef*.

Les notes de l'alphabet musical se suivant toujours dans le même ordre, si l'on convient, en plaçant sur la seconde ligne de la portée un signe qu'on nomme *clef de sol*, de mettre le *sol* sur la deuxième ligne, le *la*, qui dans l'ordre alphabétique suit immédiatement le *sol*, sera représenté par une note posée entre la deuxième et la troisième ligne ; et ainsi de suite pour les notes supérieures au *sol*.

La note au-dessous du *sol*, le *fa*, se placera entre la première et la deuxième ligne ; et ainsi de suite pour les notes inférieures au *sol*.

EXEMPLE :

38. On voit que les figures qu'on nomme notes servent de signes aux syllabes *do, ré, mi, fa, sol, la, si,* qu'on appelle, pour cette raison, *les sept notes de la musique*. On donne le nom de *notation* à l'ensemble des signes de l'écriture musicale.

39. La petite ligne sur laquelle est posé le *do* grave se nomme *ligne supplémentaire.*
Les lignes supplémentaires servent à écrire les notes qui dépassent les cinq lignes de
la portée soit au grave, soit à l'aigu.

Exercices pratiques n°s 1 à 12 (¹).

Les Voix aiguës et les Voix graves. — La Clef de Fa.

40. La voix humaine se divise en deux genres, savoir : les voix aiguës, qui sont celles
des femmes et des enfants, et les voix graves, qui sont celles des hommes. Il y a la
même différence entre une voix de femme et une voix d'homme, qu'entre un son quelconque et son octave.

41. Une voix ordinaire, avons-nous dit, peut former de onze à douze sons ; cette
étendue est particulière à chaque individu. La réunion des voix de femmes et des voix
d'enfants forme une étendue d'un peu plus de trois octaves ; c'est ce qu'on nomme
l'étendue générale des voix.

42. Dans l'écriture musicale, on distingue les sons aigus des sons graves, en écrivant
les premiers sur une portée marquée d'une *clef de sol,* et les sons graves sur une autre
portée de cinq lignes, qu'on trace au-dessous de la portée des voix aiguës. De cette
manière, chaque son de l'étendue générale des voix est représenté aux yeux par un
signe particulier.

EXEMPLE :

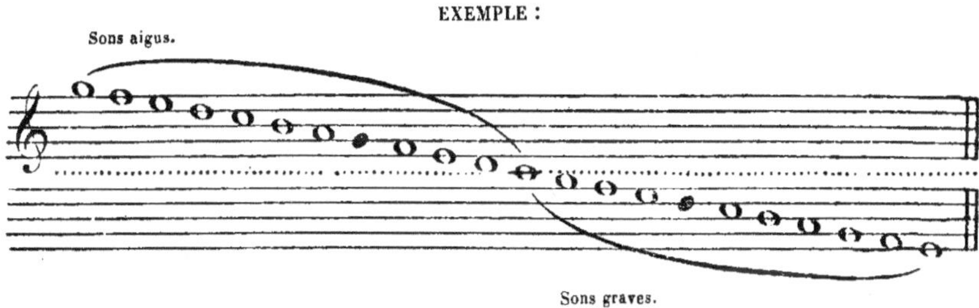

43. Ces deux portées sont, comme on le voit, la continuation l'une de l'autre. Si on
les employait comme elles sont disposées ci-dessus, la *clef de sol* suffirait pour indiquer
la place de toutes les notes ; mais on les emploie séparément, et, afin que séparées, elles
conservent entre elles le rapport qu'elles ont lorsqu'elles sont superposées, on marque
d'un signe, qu'on nomme *clef de fa,* la quatrième ligne de la portée inférieure sur
laquelle tombe le *fa.*

44. Les clefs servent non-seulement à faire connaître la position d'une note d'après
laquelle toutes les autres doivent être nommées, mais encore à déterminer la place
qu'occupent les sons dans l'étendue générale des voix ; ainsi la *clef de sol* marque :

(¹) Tous les exercices d'intonation sont divisés en petites parties séparées par une barre. A chaque
barre on devra observer un court silence. La durée à donner à chaque note sera fixée d'abord dans
un mouvement lent, jusqu'à ce qu'arrivé à une certaine correction on puisse aller vite. Les lettres
posées au-dessus de quelques barres indiquent non-seulement une division des exercices dont on peut
faire usage lorsqu'on fait solfier les élèves individuellement ou par groupe, mais encore elles donnent
au professeur un moyen facile et commode de s'assurer si l'on suit bien la leçon. Pendant l'étude de
ces exercices, on devra revenir à la théorie exposée au chapitre Ier.

1° la place que doit occuper la note *sol*, 2° elle est la clef des voix aiguës. La *clef de fa*
indique : 1° la place de la note *fa*, 2° elle est la clef des *voix graves*.

Puisque, sur la portée marquée d'une *clef de fa*, le *fa* se pose sur la quatrième ligne,
le *sol* qui suit immédiatement le *fa* dans l'ordre alphabétique se posera entre la quatrième et la cinquième ligne ; et ainsi de suite pour les notes supérieures au *fa*. Le *mi*
qui précède le *fa* se posera immédiatement au-dessous ; et ainsi de suite pour les notes
inférieures au *fa* ([1]).

EXEMPLE :

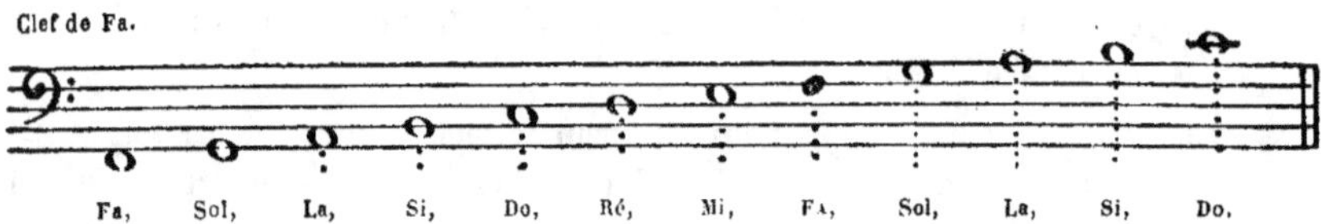

45. L'étude de la solmisation devant former tous les genres de voix à la lecture de
la musique sur toutes les clefs, on ne peut faire, en solfiant, d'autre distinction entre elles
que celle qui résulte de la différente position qu'elles donnent aux notes sur la portée.

Exercices pratiques, n°s 13 à 26 ([2]).

CHAPITRE III. — DES SIGNES D'ALTÉRATION.

Le Ton. — La Tonique. — Les Notes tonales. — La Tonalité.

46. Les rapports intimes et nécessaires qui enchaînent entre eux les sons de la
gamme constituent ce qu'on appelle *le Ton ;* ainsi le mot « ton » sert non-seulement
à désigner l'intervalle compris entre deux sons formant une seconde majeure, il sert
encore à désigner un ensemble de sons constamment liés entre eux de la même manière, sous la dépendance absolue d'un son particulier et fondamental qu'on nomme
la tonique.

47. La tonique est la première note de la gamme, la note principale du ton. Une
gamme prend toujours le nom de sa tonique ; si la tonique est *do*, la gamme est *dans le
ton de do*, ou simplement *en do* ; si la tonique était *ré* ou *mi*, la gamme serait dans le
ton de *ré* ou de *mi*. La tonique est la note attractive par excellence ; c'est vers elle que
tendent tous les sons, c'est à elle que tous les sons sont subordonnés.

48. On donne à la quatrième note de la gamme et à la septième le nom de *notes*

([1]) On sait qu'un moyen efficace d'apprendre rapidement le nom des notes consiste à écrire de la
musique ; aussi ne doit-on pas manquer de faire copier aux élèves, jusqu'à ce qu'ils lisent rapidement
les notes, quelques *Exercices pratiques*, en faisant mettre le nom des notes au-dessous de chacune
d'elles.

([2]) Pendant la solmisation de ces exercices, on devra encore revenir sur les principes du chapitre Ier.

tonales, parce que, par leur tendance vers la tonique, elles servent à déterminer le ton. Les notes tonales sont les *attributs du ton*.

49. La subordination absolue et rigoureuse de tout un ensemble de sons musicaux à une tonique se désigne par le mot *tonalité*, c'est-à-dire *puissance et action du ton*, dans un système musical quelconque ([1]).

La Gamme de Sol. — Le Dièse.

50. Un son quelconque peut remplir la fonction de tonique, pourvu que la gamme à laquelle ce son servira de note fondamentale soit formée de deux tétracordes semblables, séparés entre eux par une seconde majeure. Cette gamme donnera alors la succession d'intervalles produite par la gamme de *do*, que nous nommerons la *gamme modèle* (19).

51. Puisque toute gamme doit être formée de deux tétracordes semblables, il est évident que les notes *sol, la, si, do*, qui entrent comme deuxième tétracorde dans la gamme modèle, pourront servir de premier tétracorde à une nouvelle gamme qui aura *sol* pour tonique. (Voyez au *Tableau* le premier tétracorde de la gamme de *sol*.)

52. Cette nouvelle gamme sera complétée par les notes *ré, mi, fa, sol*, qui dans la gamme modèle donnent la succession suivante : *ton, demi-ton, ton*. (Voyez le *Tableau*.)

Or, pour pouvoir prendre rang de deuxième tétracorde dans la gamme de *sol*, les notes *ré, mi, fa, sol*, doivent être disposées de manière à former deux tons, suivis d'un demi-ton. On élèvera donc le *fa* ; la syllabe *fa* servira alors à prononcer deux sons, dont l'un sera plus élevé que l'autre d'un demi-ton.

53. Dans la gamme de *sol*, le *fa* est élevé d'un demi-ton, afin que le deuxième tétracorde de cette gamme soit semblable au premier. (Voyez le *Tableau omnitonique*.)

Exercices pratiques au Tableau ([2]).

([1]) Le mot *tonalité* nous paraît détourné de sa véritable signification lorsqu'on l'emploie comme synonyme de *ton*. Ainsi l'on dit aujourd'hui : la *tonalité de* sol, la *tonalité de* la, etc. ; au lieu de dire simplement le *ton de* sol ou le *ton de* la, etc. ; c'est, il nous semble, comme si l'on appliquait le nom de l'État à une ville, le nom du genre humain à un homme ; c'est enfin appliquer le nom du genre à l'espèce. Nous laisserons donc au mot *tonalité* son sens général et au mot *ton* son sens particulier ; non-seulement ce mot suffit, mais encore il rend mieux que le mot *tonalité* ce qu'il sert à exprimer.

([2]) On fera solfier, en en montrant les syllabes au *Tableau omnitonique*, les exercices pratiques n° 27 et 28. En faisant solfier au *Tableau*, le professeur ne devra prendre nos exercices écrits que comme des modèles qu'il pourra et devra nécessairement varier, selon l'âge, le degré d'intelligence, ou l'application des élèves. La gamme de *sol* étant placée aux deux extrémités de l'étendue des voix, nous avons indiqué comment l'exercice n° 27 devra être solfié dans un cours où sont ordinairement réunies toutes les espèces de voix. Nous considérons comme une condition essentielle d'une bonne éducation de l'oreille, le soin de ne jamais faire solfier qu'en donnant à chaque son l'intonation qui lui est propre, le *diapason normal* étant pris pour terme de comparaison.

54. Pour marquer sur la portée les notes élevées d'un demi-ton, on les fait précéder d'un signe qu'on nomme *dièse*.

FIGURE DU DIÈSE   ♯

C'est pourquoi l'on dit : *le dièse sert à hausser d'un demi-ton la note devant laquelle il est placé.*

55. Lorsqu'une pièce de musique est tout entière dans le ton de *sol*, on met un dièse à la clef sur la ligne qu'occupe le *fa*. Le dièse à la clef indique, une fois pour toutes, que les *fa* doivent être diésés, c'est-à-dire solfiés un demi-ton au-dessus de l'intonation qu'ils ont dans la gamme modèle.

Exercices pratiques n°s 27 et 28.

La Gamme de Fa. — Le Bémol et ce qu'on nomme l'Armure de la Clef.

56. Le premier tétracorde de la gamme modèle peut entrer comme deuxième dans une gamme nouvelle. On sait que la tonique est le commencement et la fin de toute gamme ; la note *fa,* qui termine le tétracorde *do, ré, mi, fa,* sera donc la tonique de la gamme qu'on va former. (Voyez au *Tableau omnitonique* le deuxième tétracorde de la gamme de *fa.*)

57. La gamme de *fa* aura pour premier tétracorde les notes *fa, sol, la, si,* qui donnent une succession de trois tons. On abaissera donc le *si* d'un demi-ton, afin d'avoir dans ce premier tétracorde, comme dans le deuxième, deux tons suivis d'un demi-ton. (Voyez au *Tableau* le premier tétracorde de la gamme de *fa.*)

Exercice pratique au Tableau ([1]).

58. Pour marquer sur la portée les notes baissées d'un demi-ton, on les fait précéder d'un signe qu'on nomme *bémol*.

FIGURE DU BÉMOL   ♭

C'est pourquoi l'on dit: *le bémol sert à baisser d'un demi-ton la note devant laquelle il est placé.*

59. Lorsqu'une pièce de musique est tout entière dans le ton de *fa*, on met un bémol à la clef sur la ligne du *si ;* ce bémol indique, une fois pour toutes, que les *si* doivent être bémolisés, c'est-à-dire solfiés un demi-ton au-dessous de l'intonation qu'ils ont dans la gamme modèle.

60. Les dièses et les bémols qu'on place au commencement d'un morceau de musique forment ce qu'on appelle l'*armure de la clef* ; dans le ton de *sol*, la clef est armée d'un dièse ; elle est armée d'un bémol dans le ton de *fa*.

Exercices pratiques n°s 29 et 30.

([1]) On fera solfier les exercices n°s 29 et 30 en montrant les syllabes au *Tableau omnitonique.* On sait quelle difficulté on éprouve à donner, aux enfants surtout, l'idée de la voix de tête qu'ils doivent employer pour solfier les sons aigus ; il importe cependant de faire pratiquer, partout où cela est nécessaire, ce changement de registre, en faisant recommencer lentement et patiemment la solmisation des sons élevés, et en arrêtant les élèves au point où la mutation de la voix doit se faire.

La Modulation. — Ce qu'il faut faire pour bien Moduler. — Le Bécarre. — Ce qu'on nomme Altération ascendante et Altération descendante.

61. Lorsqu'en solfiant on passe d'une gamme dans une autre, on fait un mouvement qu'on appelle une *modulation.*

62. Pour obtenir une intonation juste en modulant, on doit écouter sa voix lorsqu'on entonne un septième ou un quatrième degré ; le septième degré tend à monter ; on doit donc penser qu'il va être suivi de sa note supérieure ; le quatrième degré tend à descendre : on doit penser qu'il va être suivi du troisième (32).

Exercice pratique au Tableau (¹).

63. Pour distinguer, dans le langage musical, les notes diésées ou bémolisées des notes qui ne le sont pas, on donne à celle-ci le nom de *notes naturelles.*

64. Après avoir modulé du ton de *do* au ton de *sol*, ou au ton de *fa*, si l'on veut revenir au ton de *do*, on met devant la note précédemment diésée ou bémolisée un signe qu'on appelle bécarre.

FIGURE DU BÉCARRE ♮

Le bécarre *remet la note dans son état naturel,* en détruisant l'effet du dièse ou du bémol. Ce signe peut se placer à la clef pour détruire une armure diésée ou bémolisée.

65. Lorsque le dièse, le bémol ou le bécarre, sont placés devant une note, dans le courant d'un morceau, ils indiquent une modulation accidentelle ; on leur donne alors le nom de *signes accidentels*, ou simplement d'*accidents*. Les signes accidentels produisent leur effet dans toute l'étendue des petites parties de la musique écrite contenues entre deux barres.

66. Une fois le ton d'un morceau de musique établi, on considère comme des *sons altérés* ceux qui sont précédés d'un signe accidentel (²).

67. Le dièse et le bécarre effaçant un bémol, sont les *signes de l'altération ascendante ;* ces signes sont toujours placés devant un septième degré, *ils donnent toujours l'idée du mouvement ascendant.*

68. Le bémol et le bécarre effaçant un dièse, sont les *signes de l'altération descendante ;* ils sont toujours placés devant un quatrième degré, *ils donnent toujours l'idée du mouvement descendant.*

(¹) On fera solfier en montrant les syllabes, au *Tableau omnitonique*, les exercices nᵒˢ 31 à 34. Afin de prévenir toute incertitude dans l'étude de la modulation au *Tableau*, nous avons marqué d'un chiffre, le degré de la gamme *où l'on est*, sur lequel doit s'arrêter la baguette du professeur ; un second chiffre appliqué à une note *noire*, indique le degré de la gamme *où l'on va*. Ainsi, dans le nᵒ 31, à la fin de la 1ʳᵉ portée, la baguette s'arrête dans le *mi*, 3ᵉ degré du ton de *do* ; à la portée suivante, elle passe dans la gamme de *sol*, sur le *mi*, 6ᵉ degré ; puis, à la fin de la portée, après s'être arrêtée sur le *ré*, 5ᵉ degré de la gamme de *sol*, elle revient dans la gamme de *do*, par le *ré*, 2ᵉ degré. Enfin, après avoir conduit les voix jusqu'à la fin de la 3ᵉ portée, elle s'arrête sur le *la*, 6ᵉ degré du ton de *do* ; à la 4ᵉ portée, elle passe dans la gamme de *fa*, sur le *la* 3ᵉ degré, et ainsi de suite. C'est donc toujours sur la note *noire* que, dans les exercices modulés, la baguette du professeur doit changer de gamme.

(²) Le mot *altéré* est parfaitement appliqué ici, quoiqu'on ait prétendu le contraire ; ne dit-on pas *altéré de vengeance, altéré de richesse*, pour indiquer le violent désir de se venger ou d'être riche ? C'est dans ce sens qu'il faut entendre le mot « *altéré* » en musique. Les sons *altérés* ont une irrésistible tendance vers un autre son, ils sont véritablement altérés du son vers lequel ils tendent.

69. On peut comparer les signes d'altération aux *accents*, qui, dans le langage, servent à indiquer la prononciation différente de certaines lettres, sans que les lettres elle-mêmes changent de nom ni de forme. Les signes de l'altération ascendante ont de l'analogie avec l'*accent aigu*; les signes de l'altération descendante peuvent être comparés à l'*accent grave*. Il n'est pas plus difficile de solfier des notes altérées, qu'il n'est difficile de prononcer des lettres accentuées ; car, de même que la prononciation est liée au sens des mots, de même l'intonation est étroitement liée au sens tonal ; et de même que le lecteur doué de sens commun et comprenant sa langue corrigerait, en la lisant, une phrase qui serait écrite ainsi :

Ils ont trompe les soins d'un pere infortune....

de même l'élève qui aurait acquis le sentiment de la tonalité, corrigerait en solfiant des fautes analogues d'écriture musicale.

Exercices pratiques n°s 31 à 34.

CHAPITRE IV. — Première étude de la mesure.

Les Signes de Durée. — La Mesure à deux Temps.

70. Les sons diffèrent entre eux non-seulement par leurs mouvements du grave à l'aigu et de l'aigu au grave, ils diffèrent encore par leurs mouvements du long au bref et du bref au long, c'est-à-dire par leur durée.

71. La règle des mouvements de la voix allant d'un son long à un son bref, ou d'un son bref à un son long, se nomme LA MESURE.

72. Pour distinguer entre eux les sons longs des sons brefs, on donne aux notes des figures différentes qui expriment ce qu'on appelle *la valeur des notes*.

73. Pour représenter la durée des repos qu'on observe en solfiant, on se sert de signes particuliers qu'on appelle *silences*; la valeur des silences correspond à la valeur des notes.

TABLEAU DES FIGURES DE NOTES ET DE SILENCES QUI SERVENT A EXPRIMER LA DURÉE.

NOTES.		SILENCES.
Ronde	Unité de durée	Pause
Blanche	Moitié de l'unité	Demi-pause.
Noire	Quart de l'unité	Soupir.
Croche	Huitième de l'unité	Demi-soupir.
Double-croche . .	Seizième de l'unité	Quart de soupir.
Triple-croche . . .	Trente-deuxième de l'unité .	Huitième de soupir.

74. La ronde est appelée *unité de durée*, parce qu'elle sert de terme de comparaison pour fixer la durée des autres valeurs de notes.

En supposant qu'on assigne à la ronde une durée de quatre secondes, la blanche, moitié de l'unité, durera deux secondes; la noire, quart de l'unité, ne durera qu'une seconde; ainsi de suite.

La valeur des silences, nous l'avons dit, correspond à la valeur des notes : la pause vaut autant que la ronde; la demi-pause vaut une blanche; le soupir dure autant qu'une noire; le demi-soupir dure autant qu'une croche, etc.

75. Pour mesurer la durée des sons et des silences, on fait avec la main des mouvements égaux en durée; c'est ce qu'on nomme *battre la mesure.*

76. Chaque mouvement marque ce qu'on nomme un *temps.* Une collection de plusieurs temps se nomme *mesure.* Ainsi le mot *mesure* a deux significations : il sert à désigner la règle des mouvements de la voix allant d'un son long à un son bref, et réciproquement, c'est-à-dire, l'art de représenter, par des figures, la durée des sons et des silences, de former au moyen de ces figures des parties qu'on appelle *temps*, et d'observer entre les temps une égalité parfaite. Le mot *mesure* désigne encore une collection de temps.

77. Si l'on fait deux mouvements de la main, l'un frappé, l'autre levé, on obtient ce qu'on nomme une *mesure à deux temps*; dans cette mesure, le temps frappé prend le nom de *temps fort*, parce qu'il s'articule avec plus de force que le temps levé, qu'on appelle *temps faible.*

78. Dans toute espèce de mesure, le choix de la valeur de note qui sert à former le temps est arbitraire; mais, une fois cette valeur déterminée, elle devient *unité de temps* et toutes les valeurs qui entrent dans le temps doivent être mesurées sur elle. Il y a donc deux espèces d'unité : l'une fixe, l'autre de convention. L'unité fixe, invariable, est l'*unité de durée*, la *ronde.* L'unité de convention, l'unité variable, est l'*unité de temps.*

79. Pour former une mesure à deux temps, si l'on prend la blanche pour unité de temps, la ronde durera deux temps; la pause marquera le silence d'une mesure entière, et la demi-pause ne marquera que le silence d'un temps (¹).

La forme de mesure qui a une blanche par unité de temps, s'indique après la clef par un C barré ou par un 2.

80. Les mesures sont séparées entre elles par de petites lignes qui traversent la portée de haut en bas; ces lignes se nomment *barres de mesure.* Entre deux barres, il y a toujours le même nombre de temps. On double la barre de mesure à la fin d'un morceau de musique.

Exercices pratiques n°s 35 à 38.

81. On peut prendre la noire pour unité de temps; dans cette forme de mesure la blanche dure deux temps, le soupir marque le silence d'un temps. Le silence d'une mesure entière est toujours marqué par une pause, quelle que soit l'espèce ou la forme de la mesure.

(¹) Les exemples notés ne pourraient remplacer ici ceux que le professeur devra crayonner lui-même au Tableau noir.

82. La mesure à deux temps qui a la noire pour unité de temps s'indique, après la clef, par un 2 et un 4 au-dessous. Le chiffre inférieur, le 4, indique en combien de parties l'unité fixe est divisée, et le chiffre supérieur, le 2, indique le nombre de ces parties contenu dans la mesure.

83. La mesure qui contient une blanche pour chaque temps se désigne généralement sous le nom de *mesure à deux temps ;* on désigne sous le nom de *mesure à deux-quatre* celle qui contient deux noires.

EXEMPLE : 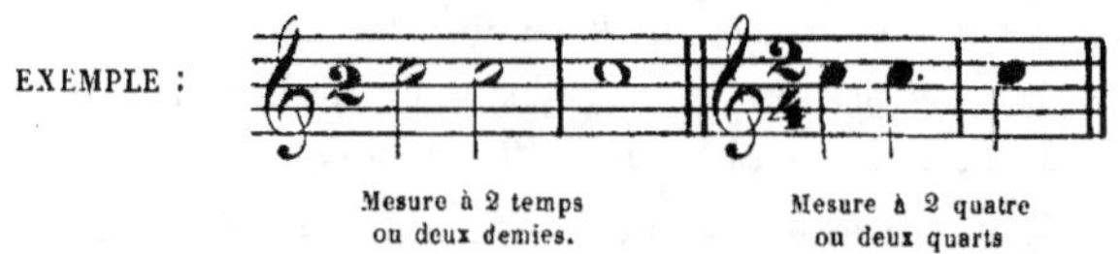

Exercices pratiques n°s 39 à 44.

Du Mouvement.

84. Les temps mesurent la durée par leur nombre ; ainsi le son sur lequel on bat un temps dure moitié moins que celui sur lequel on bat deux temps. La durée des sons peut être modifiée par le mouvement qu'on donne à la mesure ; selon que le mouvement est lent ou vif, les temps se succèdent lentement ou avec rapidité.

85. On indique le mouvement en mettant au commencement du morceau de musique, et au-dessus de la portée, un chiffre du métronome, qui sert à régler la durée de la note à côté de laquelle il est placé, et, d'après le mouvement imprimé à cette note par une des vibrations du balancier, on règle le mouvement de la mesure (¹).

Exercices pratiques n°s 45 à 52.

86. On peut commencer un morceau de musique sur n'importe quel temps de la mesure ; les temps absents se comptent ordinairement en silence.

Exercice pratique n° 53.

De Plusieurs Articulations par Temps.

87. Le temps peut être formé d'un plus ou moins grand nombre d'articulations ; lorsque le temps est formé de deux articulations, la première est forte, la deuxième est faible ; lorsque le temps est formé de quatre articulations, la première et la troisième sont fortes, la deuxième et la quatrième sont faibles.

88. A mesure qu'augmente le nombre d'articulations qui entrent dans le temps, leur force ou leur faiblesse devient de moins en moins sensible ; la partie forte du temps conserve seule sa qualité ; elle forme, pour ainsi dire, un point d'appui auprès duquel viennent se grouper les sons d'un même temps.

Exercices pratiques n°s 54 à 57.

(¹) Le *métronome* étant un instrument aussi indispensable dans un cours de Musique que le *diapason*, nous pensons que la description en serait ici superflue ; l'élève en comprendra suffisamment le mécanisme et l'usage en le voyant fonctionner.

Le Point d'Orgue. — La Reprise et le Renvoi.

89. Pour suspendre le mouvement de la mesure, on met au-dessus, ou au-dessous de la note, ou du silence sur lequel le mouvement doit être suspendu, un signe qu'on nomme *point d'orgue.*

FIGURE DU POINT D'ORGUE

La prolongation du son ou du silence accompagné du point d'orgue est arbitraire, c'est au goût du chanteur à en fixer la durée.

90. Un morceau de musique peut être divisé en plusieurs parties, qu'on appelle *reprises* et qu'on exécute deux fois chacune ; on met alors à la fin de la partie qu'on veut répéter une double barre qu'on nomme *barre de reprise.* Deux points devant cette double barre indiquent qu'on doit répéter la partie qui précède ; on met deux points après la barre pour faire répéter ce qui suit.

91. Quelquefois, pour terminer un morceau de musique, on en répète les premières reprises ; on indique cette répétition au moyen d'un signe qu'on appelle renvoi.

FIGURE DU RENVOI

On peut remplacer le renvoi par les mots DA CAPO, qui signifient *à la tête*, et qu'on écrit par abréviation D C. Le mot *fin,* ou un point d'orgue au-dessus d'une double barre, indiquent la fin du morceau.

Exercice pratique n° 58.

La Mesure à trois Temps. — La Valeur du Point après une Note ou un Silence.

92. Il y a un genre de mesure qui se marque par trois mouvements et qui se nomme *mesure à trois temps.* Le premier temps de cette mesure se marque en frappant, le second en portant la main droite, et le troisième en levant. Le premier temps est fort, le deuxième et le troisième sont faibles.

93. Pour former une mesure à trois temps, comme pour former une mesure à deux temps, on peut prendre la blanche comme unité de temps ; cette forme de mesure se marque par un 3 et un 2 au-dessous : elle se nomme *mesure à trois-deux*, parce qu'elle contient trois moitiés de la ronde.

94. Lorsque la noire est prise pour unité de temps, la mesure s'indique par un 3 et un 4 au-dessous ; cette forme de mesure prend le nom de *mesure à trois-quatre*, c'est-à-dire à trois-quarts de la ronde.

95. Si l'on veut prendre la croche pour unité de temps, on marque cette convention par un 3 et un 8 au-dessous ; cette forme de mesure s'appelle *mesure à trois-huit*, parce qu'elle contient trois-huitièmes de la ronde.

96. Les valeurs de notes représentées par la ronde, la blanche, la noire, etc., sont des *valeurs binaires*, c'est-à-dire se divisant par deux. Si l'on veut donner à une note quelconque une *valeur ternaire*, on la fait suivre d'un point ; le point augmente la note de la moitié de sa valeur.

La ronde pointée vaut trois blanches ; cette note marque donc la durée entière d'une mesure à *trois-deux.* La blanche pointée vaut trois noires ; elle peut remplir une mesure à *trois-quatre*. La noire pointée vaut trois croches ; elle peut remplir une mesure à *trois-huit*.

EXEMPLE :

Mesure à trois deux, Mesure à trois quatre, Mesure à trois huit,
ou trois demies. ou trois quarts. ou trois huitièmes.

97. Lorsque le point est doublé, le second vaut la moitié du premier. Appliqué à un signe de silence, le point a la même valeur qu'après une note.

Exercices pratiques n°s 59 à 62.

La Mesure à quatre Temps. — La Carrée et la Pause Maxime.

98. Si l'on double la mesure à deux temps, on obtient une mesure qui se marque par quatre mouvements et qui se nomme *mesure à quatre temps*. Le premier temps de cette mesure est frappé, le deuxième se marque à gauche, le troisième à droite, le quatrième en levant.

La mesure à quatre temps donne des articulations semblables à celles de deux mesures successives à deux temps ; le premier et le troisième temps sont forts, le deuxième et le quatrième sont faibles.

99. Pour former une mesure à quatre temps, on peut prendre la blanche comme unité de temps. La valeur de note qu'on emploie pour marquer la durée entière de cette forme de mesure se nomme *carrée*. Le silence équivalent se nomme *pause maxime*. La carrée dure autant que deux rondes.

FIGURE DE LA CARRÉE 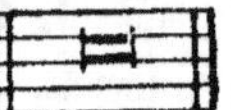   FIGURE DE LA PAUSE MAXIME 

La mesure à quatre temps qui a une blanche pour unité de temps s'indique soit par un C, soit par un 4 et un 2 au-dessous ; elle se nomme *mesure à quatre-deux*.

100. La mesure à quatre temps qui a une noire pour unité de temps se marque aussi par un C ou par un 4.

101. On fait encore un fréquent usage d'une forme de mesure à quatre temps qui a une croche pour unité de temps ; cette mesure étant formée des mêmes valeurs de notes que la mesure à deux-quatre, on la trouve marquée par un 2 et un 4 au-dessous. Il nous paraît plus raisonnable de la marquer par un 4 et un 8, et de lui donner le nom de *mesure à quatre-huit*, c'est-à-dire à quatre-huitième de la ronde.

EXEMPLE :

Mesure à quatre deux, Mesure à quatre quarts. Mesure à quatre huit,
ou quatre demies.   ou quatre huitièmes.

Exercices pratiques n°s 63 à 65.

102. Le point, comme on sait, augmente la note de la moitié de sa valeur ; lorsqu'une note n'ayant que la valeur d'un temps est suivie d'un point, elle dure *un temps et demi*. Pour rendre faciles les premiers exercices de solmisation des notes qui durent un temps et demi, on peut prononcer les syllabes de l'alphabet musical de cette manière : *do-o, ré-é, mi-i*, etc. La voyelle sert à marquer la partie du temps remplie par la valeur du point. Il faut considérer le point placé de cette manière comme tenant lieu de la première articulation dans un temps formé de deux articulations.

Exercices pratiques n⁰ˢ 66 et 67.

La Liaison et la Syncope.

103. Lorsque plusieurs notes sont réunies par un petit trait recourbé qu'on nomme liaison, on n'articule que la première de ces notes, et l'on prolonge le son pendant la durée de la suivante.

104. Lorsque la liaison est placée de manière à lier le dernier temps d'une mesure quelconque au premier temps de la mesure suivante, elle produit ce qu'on nomme une *syncope* ; toute note syncopée va d'un temps faible au temps fort suivant.

105. La syncope a encore lieu lorsque le son attaqué à une fraction faible du temps finit à une fraction forte.

EXEMPLE :

Exercices pratiques n⁰ˢ 68 à 75.

CHAPITRE V. — DES INTERVALLES QUI DÉPASSENT L'ÉTENDUE D'UN TÉTRACORDE.

Le Complément ou Renversement. — L'Intervalle qu'on obtient par le Renversement de la Quarte.

106. Lorsqu'on *complète* l'octave, à partir du terme supérieur ou du terme inférieur d'un intervalle quelconque, on obtient un autre intervalle qu'on appelle le *complément*.

107. Si l'on complète l'octave à partir du terme supérieur ou du terme inférieur de l'intervalle de quarte, on forme un intervalle de cinq degrés, qu'on appelle *quinte*.

108. De même que l'intervalle de quinte complète l'octave à partir de l'un des termes de la quarte, de même la quarte donne à la quinte ce qui lui manque pour arriver à l'octave. Les intervalles de quarte et de quinte sont donc le complément l'un de l'autre (¹).

(¹) A faire voir au *Tableau omnitonique*, en mettant les deux pointes d'un compas sur les deux termes de l'intervalle de quarte supérieure, *do* 1, *fa* 4, et en faisant compter les degrés qui complètent l'octave, à partir du terme supérieur. Faire voir de la même manière que la quarte est le complément de la quinte.

109. Le complément se nomme aussi *renversement*, parce que, si l'on veut donner à un intervalle ce qui lui manque pour arriver à l'octave, on doit en porter la note grave une octave au-dessus, ou la note aiguë une octave au-dessous, c'est-à-dire mettre en haut la note qui était en bas, ou en bas la note qui était en haut.

110. L'octave étant la limite dans laquelle agissent un intervalle et son renversement, il s'ensuit que plus l'intervalle à renverser est grand, plus le renversement est petit, et réciproquement. La quarte majeure a donc pour renversement une *quinte mineure,* et la quarte mineure a pour renversement une *quinte majeure.*

111. Puisque l'octave est la limite dans laquelle un intervalle et son renversement font leur mouvement, il est évident que, si l'on soustrait de la somme de cinq tons et deux demi-tons que contient l'octave le nombre de tons et de demi-tons contenu dans chaque espèce de quartes, on devra attribuer ce qui restera aux deux espèces de quintes.

EXEMPLE :

L'octave contient......... 5 tons 2 1/2 tons.	L'octave contient.......... 5 tons 2 1/2 tons.
La quarte mineure .... 2 tons 1 1/2 ton.	La quarte majeure.......... 3 tons » »
Reste pour la quinte majeure, 3 tons 1 1/2 ton.	Reste pour la quinte mineure, 2 tons 2 1/2 tons.

112. La gamme diatonique est formée de sept sons différents; chacun d'eux peut servir de point de départ à un intervalle quelconque. On compte donc dans la gamme sept intervalles de quarte, savoir : six quartes mineures et une quarte majeure.

Le premier demi-ton de la gamme fait partie des quartes mineures qui vont :

Du 1er au 4e degré.

Du 2e au 5e.

Du 3e au 6e.

Celles qui contiennent le deuxième demi-ton de la gamme vont :

Du 5e à l'octave de la tonique.

Du 6e à l'octave du 2e degré.

Du 7e à l'octave du 3e (1).

113. Puisque la gamme contient six quartes mineures, elle contient six quintes majeures ; ces six quintes ont pour premier terme le terme supérieur des **quartes mineures.** (Voyez le *Tableau omnitonique.*) Puisqu'il n'y a dans la gamme qu'une seule quarte majeure, qui va du quatrième au septième degré, il n'y a qu'une seule **quinte mineure,** qui va du septième degré à l'octave du quatrième. (Voyez le *Tableau.*)

114. Il est essentiel de remarquer que la quinte mineure est formée, comme la quarte majeure, des deux sons de la gamme, qui tendent à se mouvoir en sens contraire. Pour entonner juste la quinte mineure, il est donc indispensable de prendre

---

1) On démontre ceci d'une manière très-simple au *Tableau omnitonique*, en mettant un doigt dans l'intervalle formé par le troisième degré et le quatrième, et en posant les deux pointes d'un compas sur le premier degré et le quatrième, ensuite sur le deuxième et le cinquième, puis sur le troisième et le sixième. On opère de même pour faire voir les trois quartes qui contiennent le deuxième demi-ton de la gamme.

la même précaution que pour entonner la quarte majeure. Le huitième degré doit toujours être présent à l'oreille lorsqu'on entonne le septième, et le troisième lorsqu'on entonne le quatrième.

Exercices pratiques, n⁰ˢ 76 et 77 ⁽¹⁾.

La Sixte. — Renversement de la Tierce.

115. Si l'on donne à un intervalle de tierce ce qui lui manque pour arriver à l'octave, on obtient un intervalle de six degrés, qu'on appelle *sixte*.

116. Les intervalles de tierces et de sixtes sont le complément ou renversement les uns des autres. La tierce majeure a pour renversement une *sixte mineure*, et la tierce mineure a pour renversement une *sixte majeure* ⁽²⁾.

117. Si l'on soustrait de la somme de cinq tons et deux demi-tons que contient l'octave le nombre de tons et de demi-tons contenu dans chaque espèce de tierces, on devra attribuer le reste aux deux espèces de sixtes.

EXEMPLE :

L'octave contient.......... 5 tons 2 1/2 tons.	L'octave contient.......... 5 tons 2 1/2 tons
La tierce majeure.......... 2 tons »	La tierce mineure.......... 1 ton 1 1/2 ton.
Reste pour la sixte mineure, 3 tons 2 1/2 tons.	Reste pour la sixte majeure, 4 tons 1 1/2 ton.

118. La gamme contient quatre tierces mineures et trois tierces majeures ; le premier demi-ton de la gamme fait partie des tierces mineures qui vont :

Du 2ᵉ au 4ᵉ degré,
Du 3ᵉ au 5ᵉ.

Celles qui contiennent le deuxième demi-ton sont placées :

Du 6ᵉ à l'octave de la tonique.
Du 7ᵉ à l'octave du 2ᵉ degré ⁽³⁾,

Puisque la gamme contient quatre tierces mineures, elle contient quatre sixtes majeures, qui ont pour premier terme le terme supérieur des tierces mineures.

119. Les trois tierces majeures vont :

Du 1ᵉʳ au 3ᵉ degré,
Du 4ᵉ au 6ᵉ,
Du 5ᵉ au 7ᵉ.

Elles donnent, dans leur renversement, trois sixtes mineures, qui se posent sur les degrés 3, 6 et 7. (Voyez le *Tableau omnitonique*.)

Exercices pratiques, n⁰ˢ 78 et 79 ⁽⁴⁾.

⁽¹⁾ **Avant de faire solfier ces exercices sur la portée, on les fera solfier en en montrant les syllabes au** *Tableau omnitonique*.

⁽²⁾ **A faire voir au** *Tableau omnitonique* de la manière indiquée précédemment pour l'intervalle de quarte et son renversement.

⁽³⁾ **A démontrer au** *Tableau omnitonique*, comme il a été dit précédemment pour les intervalles de quartes.

⁽⁴⁾ **On doit toujours faire solfier au** *Tableau omnitonique* les exercices non mesurés, avant de les faire solfier sur la portée. Nous répéterons encore que le professeur ne doit prendre nos leçons, écrites pour être solfiées au tableau, que comme des résumés de ce qu'il devra obtenir par le moyen de cette solmisation préparatoire.

La Septième. — Renversement de la Seconde.

120. Si l'on donne à un intervalle de seconde ce qui lui manque pour arriver à l'octave, on obtient un intervalle de sept degrés, qu'on nomme *septième.*

121. Les intervalles de secondes et les intervalles de septièmes sont le renversement les uns des autres. La seconde majeure a pour renversement la *septième mineure,* et la seconde mineure a pour renversement la *septième majeure.*

122. Si l'on retire de la somme de cinq tons et deux demi-tons que contient l'octave le ton formé par la seconde majeure, on a pour mesure de la septième mineure quatre tons et deux demi-tons ; et si l'on veut savoir ce que contient la septième majeure, on n'a qu'à retirer de l'octave le demi-ton que contient la seconde mineure, il reste, pour la septième majeure, cinq tons et un demi-ton.

123. De ce que la gamme contient cinq secondes majeures et deux secondes mineures, on conclut qu'elle contient cinq septièmes mineures et deux septièmes majeures.

124. Le terme inférieur des deux septièmes majeures sont le premier et le quatrième degrés. Les septièmes mineures se posent sur le deuxième, le troisième, le cinquième, le sixième et le septième degrés.

Exercices pratiques nᵒˢ 80 et 81.

L'Octave et l'Unisson. — Résumé des Intervalles. — Remarque sur la position de leurs deux Termes sur la Portée.

125. Dans la gamme diatonique, l'octave est invariable ; elle est toujours formée de cinq tons et deux demi-tons, quelque soit le degré de la gamme qui lui serve de point de départ (¹).

126. Si l'on resserre l'octave, c'est-à-dire si l'on porte une octave au-dessous sa note aiguë, ou une octave au-dessus sa note grave, on obtient deux sons unis sur le même degré, auxquels on donne le nom d'*unisson.* L'unisson est le principe et le résumé de tous les intervalles, comme l'unité est le principe et le résumé de tous les nombres.

127. Si l'on part d'un unisson formé sur le quatrième degré de la gamme, et si l'on abaisse successivement l'un de ses sons jusqu'à la septième, on obtient toute la série des intervalles mineurs. Si l'on fait une opération semblable en montant, on obtient, par l'effet du renversement, tous les intervalles majeurs (²).

(¹) On peut, pour faire voir la conformité des octaves, les comparer entre-elles en les mesurant au compas.

(²) A faire voir au *Tableau omnitonique* l'exemple ci-dessus, en mettant une pointe du compas sur le quatrième degré de la gamme, et en arrêtant successivement l'autre pointe sur chacun des degrés qui servent à former les intervalles inférieurs de seconde, tierce, quarte, quinte, sixte et septième mineures. Pour les intervalles supérieurs une pointe du compas reste toujours fixée sur le quatrième degré, et ce sont des intervalles majeurs que désigne l'autre pointe, en s'arrêtant successivement sur chacun des degrés supérieurs au quatrième.

128. On obtiendrait tous les intervalles mineurs en montant, et tous les intervalles majeurs en descendant, si, au lieu de partir du quatrième degré de la gamme, on partait d'un unisson formé sur le septième degré.

129. En additionnant les chiffres qui servent à représenter un intervalle quelconque et son renversement, on obtient toujours le nombre 9 pour total, parce que, dans l'opération du renversement, l'un des huit degrés de l'octave remplit deux fonctions.

EXEMPLE :

Le *la* de l'exemple ci-dessus remplit : 1° la fonction de terme supérieur de la tierce *fa la* ; 2° la fonction de terme inférieur de la sixte : *la fa*.

130. Il faut remarquer que la tierce, la quinte et la septième, qu'on représente par les nombres impairs 3, 5 et 7, ont, comme l'*unisson*, leurs deux termes placés sur la portée d'une manière analogue.

EXEMPLE :

Tandis que la seconde, la quarte et la sixte qu'on représente par les nombres pairs 2, 4 et 6, ont, comme l'*octave*, leurs deux termes posés, l'un sur une ligne, l'autre dans un interligne.

EXEMPLE :

Ce qu'on entend par Intervalles Simples — Des Intervalles Redoublés.

131. Lorsque les intervalles ne dépassent pas l'octave, ils se nomment *intervalles simples*, et l'on appelle *intervalles redoublés* ceux qui sont plus grands que l'octave. Les intervalles redoublés ne sont que la répétition des intervalles simples ; ainsi, la *neuvième* est une seconde redoublée, la *dixième* est une tierce redoublée, etc.

Si l'on veut savoir quel est le redoublement d'un intervalle, il faut ajouter le chiffre 7 au chiffre qui sert à représenter l'intervalle dont on veut connaître le redoublement ; le produit de l'addition donne le chiffre du redoublement demandé.

Exercices pratiques n°s 82 à 88.

CHAPITRE VI. — DU MODE MINEUR.

Ce qu'on entend par « Mode. » — Le Mode Majeur et le Mode Mineur. — Par quel mot on exprime la Parenté des deux Modes. — Les Attributs du Mode et les Notes Tonales dans les deux Modes.

132. Il y a deux manières de faire la gamme diatonique ; le mot *manière* s'exprime par le mot *mode* ; il y a donc deux modes : l'un est appelé le *mode majeur*, l'autre le *mode mineur*. La gamme de *do* est le modèle du mode majeur.

134. Toute gamme du mode mineur prend pour tonique le sixième degré d'une gamme majeure, ou, par un effet du renversement, le troisième degré inférieur à la tonique. La gamme, *modèle du mode mineur*, va, comme on le voit au *Tableau omnitonique*, du sixième degré du mode majeur à son octave inférieure (¹).

135. La gamme majeure et la gamme mineure sont donc formées des mêmes éléments, elles ont la même origine ; leur différence ne consiste que dans la différente position des sons. Ces deux gammes ont donc entre elles des rapports très-étroits, elles sont liées par un degré de parenté très-rapproché ; ce degré de parenté s'exprime par le mot *relatif*. Ainsi, les tons de *do* majeur et de *la* mineur, de *sol* majeur et de *mi* mineur, de *fa* majeur et de *ré* mineur, sont relatifs l'un à l'autre. (Voyez le *Tableau*.)

136. De la différente position des sons dans les deux modes, il résulte que du premier au troisième degré du mode majeur il y a une *tierce majeure*, et du premier au sixième une *sixte majeure ;* tandis que dans le mode mineur, de la tonique au troisième degré il n'y a qu'une *tierce mineure*, et une *sixte mineure* de la tonique au sixième degré (²). (Voyez le *Tableau*.)

137. On donne à la troisième et à la sixième note de toute gamme le nom de *notes modales*, parce qu'elles servent à déterminer le mode. Les notes modales sont les *attributs du mode*, comme les notes tonales sont les *attributs du ton*.

138. Dans la musique moderne, ces deux espèces d'attributs sont inséparables l'un de l'autre ; toute gamme doit être douée des attributs du ton et des attributs du mode.

139. Les attributs du ton, avons-nous dit (48), servent à établir la dépendance absolue des sons d'une gamme ou d'une pièce de musique quelconque à un son fondamental, qu'on appelle la *tonique* ; ces attributs sont formés du quatrième et du septième degrés séparés entre eux par une quarte majeure.

Or, la gamme *la, si, do, ré, mi, fa, sol, la,* douée des attributs du mode, est privée des attributs du ton, puisque du *ré* quatrième degré, au *sol* septième degré, il n'y a qu'une quarte mineure. Il résulte de cette privation, qu'en solfiant une combinaison quelconque des notes *la, si, do, ré, mi, fa, sol, la,* l'oreille pourrait être sollicitée à prendre un autre son que le *la* pour son de repos, pour tonique.

(¹) On ne fera voir au *Tableau* que les deux termes de la gamme mineure représentée par les gros points. ·

(²) On ne fera voir au *Tableau omnitonique* que les intervalles de tierces et de sixtes dans les tons de *do* majeur et de *la* mineur. Pour mieux faire saisir la différence qu'il y a entre les mêmes intervalles dans les deux modes, on les mesurera au compas.

140. On est donc obligé de pourvoir la gamme mineure des attributs du ton, afin de la mettre sous la dépendance absolue de sa tonique ; on établit cette dépendance en élevant d'un demi-ton le cinquième degré du mode majeur, afin de le rendre propre à remplir dans son relatif mineur la fonction de *note sensible.* (Voyez le *Tableau.*)

141. Les attributs du ton sont placés, dans le mode majeur, de manière à aller à la tonique inférieure par un intervalle de quarte mineure, et à la tonique supérieure par un intervalle de seconde mineure ; ils sont placés de la même manière dans le mode mineur (¹).

EXEMPLE :

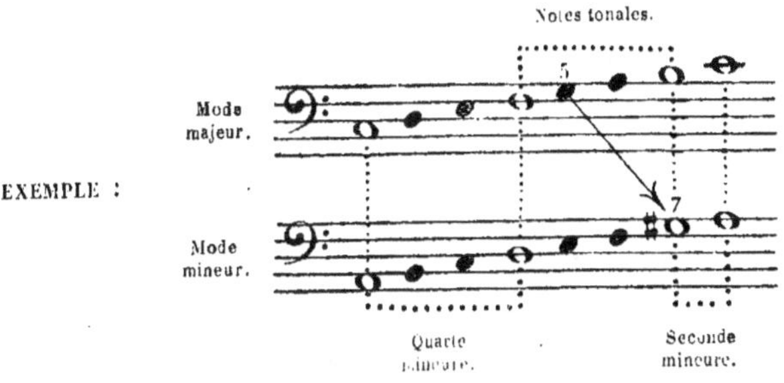

Les Intervalles Augmentés et les Intervalles Diminués. — De combien de Parties est formée la Gamme Mineure. — Manière de distinguer les Modes entre eux.

142. La nécessité de donner à la gamme mineure des *notes tonales,* afin d'établir un courant d'attraction aussi bien vers la tonique supérieure de la gamme que vers son octave, et en même temps l'obligation où l'on est de donner au mode mineur une sixte mineure, font que du sixième au septième degré de la gamme mineure on trouve une seconde plus grande d'un demi-ton que la seconde majeure. (Voyez le *Tableau omnitonique.*)

143. Tout intervalle plus grand d'un demi-ton qu'un intervalle majeur prend le nom d'*intervalle augmenté.*

144. Tout intervalle plus petit d'un demi-ton qu'un intervalle mineur prend le nom d'*intervalle diminué.*

145. La seconde augmentée, qui va du sixième au septième degré du mode mineur, a pour complément une septième diminuée, qui va du septième degré à l'octave du sixième.

146. Du troisième degré au septième, il y a une *quinte augmentée* qui a pour renversement ou complément la *quarte diminuée,* qui va du septième degré à l'octave du troisième (²).

147. En examinant le *Tableau omnitonique,* on remarque : 1° que le centre du mode mineur est formé du premier tétracorde du mode majeur ; 2° que le deuxième tétracorde

---

(¹) Quoiqu'il y ait un exemple, on fera voir au *Tableau omnitonique,* en mesurant au compas la distance semblable qu'il y a, dans les deux modes du premier au quatrième degré, du quatrième au septième et du septième à l'octave.

(²) On fera voir au *Tableau omnitonique* les intervalles de seconde augmentée et d' septième diminuée, de quinte augmentée et de quarte diminuée, en les comparant aux mêmes intervalles majeurs et mineurs.

du mode majeur est brisé en deux parties, pour former le commencement et la fin du relatif mineur. La gamme mineure est donc formée de trois parties, et l'on peut retenir dans sa mémoire la succession des intervalles de cette gamme en disant :

TON, DEMI-TON,
TON, TON, DEMI-TON,
SECONDE AUGMENTÉE, DEMI-TON.

Exercices pratiques n°ˢ 89 a 94 (¹).

148. Dans la musique écrite, il n'y a à la clef aucune indication du mode. Ainsi, lorsqu'il n'y a ni dièse ni bémol à la clef, on peut être en *do* majeur ou en *la* mineur ; avec un dièse, on peut être en *sol* majeur ou en *mi* mineur ; avec un bémol, en *fa* majeur ou en *ré* mineur.

149. Pour savoir dans quel mode est un morceau de musique, il faut le parcourir des yeux ; si l'on y rencontre le cinquième degré du mode majeur élevé d'un demi-ton, on peut supposer qu'on est dans le mode relatif mineur, puisque le cinquième degré, devenant note sensible, acquiert la propriété de faire sentir la tonique mineure. Mais, disons-nous, on ne peut faire qu'une *supposition*, parce qu'il peut arriver que le cinquième degré du mode majeur élevé d'un demi-ton ne soit que le signe d'une modulation passagère au mode mineur, ou simplement un ornement connu sous le nom d'*appoggiature*, et dont nous parlerons plus tard. Une manière plus sûre de connaître le mode consiste à regarder sur quelle note finit le morceau de musique ; à très-peu d'exceptions près, cette dernière note est la tonique ; mais si, doué d'une oreille attentive et délicate, l'élève se pénètre bien du caractère imprimé à chaque mode par les *attributs du mode*, il aura le seul moyen infaillible de les distinguer parfaitement entre eux.

150. La tierce et la sixte majeures donnent au mode majeur un caractère propre à exprimer des sentiments nobles ou une certaine gaieté ; la tierce et la sixte mineures donnent au mode mineur un caractère rempli de douceur ou de tristesse (²).

Exercices pratiques n°ˢ 95 à 100.

Quelques Formes mélodiques propres au Mode Mineur.

151. Dans le mode mineur, lorsque le chant monte en passant par le sixième degré suivi de la note sensible, on élève quelquefois le sixième degré d'un demi-ton, pour éviter l'intervalle de seconde augmentée. (Voyez le n° 1 de l'exemple suivant.) Lorsque le chant descend en passant par la note sensible suivie du sixième degré, on évite quel-

---

(¹) Les exercices non mesurés doivent être solfiés préalablement au *Tableau omnitonique*.

(²) Pour donner un exemple de la propriété expressive des *notes modales*, on peut se servir d'un air connu ; nous proposerons : *Ah ! vous dirai-je, maman.* En changeant les modales majeures de cet air en modales mineures, on donnera une idée de l'action de la tierce et de la sixte dans le mode.

EXEMPLE :

quefois la seconde augmentée en supprimant la note sensible. (Voyez le n° 2 de l'exemple suivant.) Enfin, il arrive souvent qu'on ne supprime pas la note sensible en descendant, et qu'on élève le sixième degré pour remonter immédiatement à la tonique. Cette formule est fréquemment employée. (Voyez le n° 3 de l'exemple suivant.)

EXEMPLE :

Ces modifications sont tout à fait arbitraires ; c'est assez dire qu'elles ne peuvent être admises dans la gamme que nous avons analysée précédemment, et que nous considérons comme le véritable type du mode mineur (¹).

Exercices pratiques n°s 101 à 104.

CHAPITRE VII. — DE LA MODULATION AUX CINQ TONS VOISINS.

Les Cinq Tons voisins du Ton de *Do* majeur et de *La* mineur.

152. La disposition des gammes sur le *Tableau omnitonique* fait voir que la gamme modèle ou son relatif mineur, ont pour voisins d'un côté les tons de *sol* majeur et de *mi* mineur, de l'autre côté les tons de *fa* majeur et de *ré* mineur, on peut donc, sans sortir du voisinage aller dans cinq tons différents, c'est ce qu'on appelle *moduler aux cinq tons voisins.*

153. Si l'on part du ton de *do* majeur, les cinq tons voisins ont pour tonique les deuxième, troisième, quatrième, cinquième et sixième degrés du ton de départ.

154. Si l'on part du ton de *la* mineur, les cinq tons voisins ont pour toniques les cinquième, quatrième, troisième, deuxième et premier degrés du relatif majeur. (Voyez le *Tableau.*)

155. Ceux de ces degrés qui portent une tierce majeure sont toniques des modes majeurs voisins, ceux qui portent une tierce mineure indiquent les toniques des voisins du mode mineur.

Exercices pratiques n°s 105 à 109.

(¹) Lorsque nous parlerons de l'*appoggiature*, nous dirons le rôle que remplissent, dans le mode mineur, le sixième degré élevé et la note sensible abaissée d'un demi-ton.

L'Équivoque établi par la Note Sensible du Mode Mineur rendue à la Fonction
de Cinquième Degré du Relatif Majeur.

156. Lorsqu'on module du mode majeur au relatif mineur, on élève d'un demi-ton
le cinquième degré du mode majeur qui devient alors note sensible du mode mineur,
et, si l'on veut revenir du mode mineur au relatif majeur, on abaisse la note sensible
du mode mineur ; or, il a été dit que le bémol et le bécarre effaçant un dièse précédaient
toujours un quatrième degré. La modulation qui va du mode mineur à son relatif
majeur, semble contredire ce précepte, puisque le bécarre, en effaçant le dièse de la note
sensible du mode mineur, rend cette note à sa fonction de cinquième degré du mode
majeur. Mais il faut remarquer que le quatrième degré ne faisant sentir la tonique que
médiatement, c'est-à-dire en passant par des notes intermédiaires (28), il peut se
faire que ces notes intermédiaires elles-mêmes soient dérangées dans leur marche vers
la tonique par une modulation.

157. On verra, en solfiant l'exercice pratique qui correspond au présent paragraphe,
que la modulation est indécise au moment où apparaît le *sol naturel*, altération descendante de la note sensible du ton de *la* mineur ; ce *sol* naturel peut conduire aux cinq tons
voisins ; cependant le ton nouveau n'est établi, la modulation n'est accomplie qu'à l'ar-
rivée d'une note sensible suivie de sa tonique.

158. Il faut donc dire que si l'altération descendante ne fait quelquefois que pré-
parer une modulation, on ne doit pas moins, lorsqu'elle apparait, la considérer comme
quatrième degré tendant à descendre ; cette manière d'envisager une note baissée d'un
demi-ton est la plus propre à en faire prendre commodément l'intonation.

Exercice pratique n° 110.

Le Demi-ton chromatique. — Son emploi dans la Modulation aux cinq Tons voisins.

159. Le demi-ton formé par deux notes portant le même nom, dont l'une est diésée
ou bémolisée, tandis que l'autre est naturelle, se nomme *demi-ton chromatique*.

160. Le demi-ton chromatique qui va du grave à l'aigu, c'est-à-dire d'une note bémolisée à une note naturelle, ou d'une note naturelle à une note diésée, se nomme
demi-ton chromatique supérieur. (Voyez lettre A de l'exemple ci-dessous.)

161. Le demi-ton chromatique qui va de l'aigu au grave, c'est-à-dire d'une note
diésée à une note naturelle, ou d'une note naturelle à une note bémolisée, se nomme
demi-ton chromatique inférieur. (Voyez lettre B de l'exemple suivant.)

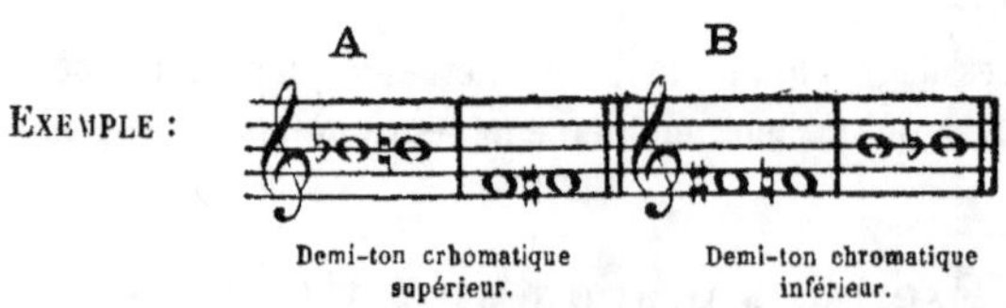

162. Lorsqu'on module au moyen du demi-ton chromatique, il faut observer que la
note aiguë de ce demi-ton est *toujours* septième degré (note sensible) ; elle donne l'idée
du mouvement ascendant ; on doit donc, en l'entonnant, penser qu'elle se dirige vers

sa note supérieure ; la note grave du demi-ton chromatique doit être considérée comme un quatrième degré ; elle donne *toujours* l'idée du mouvement descendant ; on doit donc, pour l'entonner juste, penser à sa note inférieure.

163. Dans les exercices qui vont suivre, on observera que lorsque la tendance d'un son disparaît, une autre tendance en prend immédiatement la place ; par exemple : Si une note à tendance ascendante vient à recevoir l'altération descendante (*si*, *si* ♭), de note sensible qu'elle était, elle devient immédiatement quatrième degré, ou du moins elle doit être considérée comme telle. Si une note à tendance descendante vient à recevoir l'altération ascendante (*fa*, *fa* ♯), de quatrième degré qu'elle était, elle acquiert immédiatement la propriété de note sensible. Puisque les sons qui tendent à monter ou à descendre ne se détournent jamais de leur but que pour se porter vers un autre, on doit dire que les sons qui donnent l'idée du mouvement ne perdent jamais leur propriété, mais qu'ils en changent.

Exercices pratiques n°s 111 à 114.

CHAPITRE VIII. — DE LA GÉNÉRATION DES DIÈSES.

La Modulation au Cinquième Degré.

164. La modulation qui va du ton de *do* au ton de *sol* s'appelle *modulation au cinquième degré*, parce qu'on prend le *sol*, cinquième degré de la gamme de *do*, pour en faire la tonique de la gamme de *sol.*

165. Puisque, pour faire cette première modulation, on a diésé le quatrième degré de la gamme modèle pour en faire le septième de la gamme de *sol*, on peut dire : *la modulation au cinquième degré engendre un dièse.*

166. Puisque la modulation au cinquième degré engendre un dièse, on peut comprendre qu'une suite indéfinie de modulations au cinquième degré engendrerait un nombre indéfini de dièses. Pour rester dans les limites de la pratique la plus ordinaire, on ne reproduit la modulation génératrice des dièses qu'autant de fois qu'il y a de sons à diéser dans la gamme modèle, c'est-à-dire sept fois.

Le Deuxième et le Troisième Dièses. — Les Tons qu'ils déterminent. — Les Relations que ces Tons ont entre eux.

167. Prendre le deuxième tétracorde d'une gamme quelconque pour en faire le premier tétracorde d'une gamme nouvelle, et diéser le quatrième degré de la gamme où l'on est pour en faire le septième de la gamme où l'on va, afin d'obtenir dans la nouvelle gamme un deuxième tétracorde semblable au premier, telles sont les deux opérations de la modulation génératrice des dièses.

168. Le deuxième tétracorde de la gamme de *sol* peut entrer comme premier tétracorde dans une gamme qui aura *ré* pour tonique. Le *do*, quatrième degré de la gamme de *sol*, sera diésé pour aller dans la gamme nouvelle remplir la fonction de note sensible. (Voyez le *Tableau.*)

169. Pour former une autre gamme, on prend le deuxième tétracorde de la gamme de *ré* pour le faire entrer comme premier tétracorde dans la gamme de *la*. Cette nouvelle gamme reçoit, comme septième degré, le quatrième degré de la gamme de *ré* élevé d'un demi-ton. (Voyez le *Tableau*.)

170. La première modulation au cinquième degré, à partir de la gamme modèle, a engendré le premier dièse *fa ;* la deuxième et la troisième engendrent le deuxième et le troisième dièses. Les trois dièses, *fa, do, sol*, se succèdent de quintes en quintes supérieures, parce qu'ils sont le produit de trois modulations au cinquième degré.

171. Puisque chaque dièse nouveau est septième degré d'une gamme du mode majeur, on doit dire : *la tonique du mode majeur est placée un degré au-dessus du dernier dièse*. On connaît donc le ton où l'on est avec des dièses, en prenant un degré au-dessus du dernier dièse.

172. Puisque toute gamme majeure porte en elle les éléments de son relatif mineur, les deux dièses *fa* et *do* donnent non-seulement le ton de *ré* majeur, ils donnent encore le ton de *si* mineur. Trois dièses donnent les tons de *la* majeur et de *fa* # mineur.

173. Le ton de *ré* majeur étant pris pour centre de modulations aux cinq tons voisins, ces cinq tons auront pour toniques les deuxième, troisième, quatrième, cinquième et sixième degrés du ton de *ré*. Ceux de ces degrés qui portent une tierce mineure sont toniques des modes mineurs voisins ; ceux qui portent une tierce majeure sont toniques des voisins du mode majeur (¹).

Exercices pratiques n°s 115 à 121.

Le Quatrième et le Cinquième Dièses. — Les Tons qu'ils déterminent. — Les Relations
que ces Tons ont entre eux. — Le Double Dièse.

174. La gamme modèle étant toujours prise pour point de départ, si l'on veut faire une quatrième modulation au cinquième degré, on fait entrer le deuxième tétracorde de la gamme de *la* comme premier dans une gamme nouvelle qui aura *mi* pour tonique, et l'on dièse le *ré* quatrième degré de la gamme de *la* pour en faire le septième de la nouvelle gamme. Les quatre dièses *fa, do, sol, ré*, donnent les tons de *mi* majeur et de *do* # mineur.

175. En opérant de la même manière une cinquième fois, on obtient un cinquième dièse sur le *la*. Avec cinq dièses qui sont *fa, do, sol, ré, la*, on est en *si* majeur, ou en *sol* # mineur. (Voyez le *Tableau*.)

176. La note sensible du mode mineur s'obtient, comme on le sait, en diésant le cinquième degré du mode majeur. Or, le cinquième degré du ton de *si* est *fa* #. Lorsqu'on doit élever d'un demi-ton une note diésée, on la dièse de nou-

---

(¹) On demandera quels sont les cinq tons voisins de *sol* majeur, de *mi* et de *si* mineur ; le *Tableau* rend sensibles à la vue ces relations de voisinage. Nous dirons encore une fois que les développements théoriques doivent toujours être démontrés au *Tableau omnitonique ;* ce n'est qu'en prenant ces petits soins que l'on parvient à donner aux élèves une idée fort nette des principes simples et faciles de la musique.

veau ; pour marquer cette espéce d'altération, on se sert d'un signe qu'on nomme *double dièse.*

FIGURES DU DOUBLE DIÈSE.   ✕   ✖

177. La note sensible du ton de *sol* ♯ mineur est *fa double dièse ;* lorsqu'on veut remettre dans son état primitif la note doublement diésée, on la fait précéder d'un dièse simple ; le dièse simple, remplissant alors la fonction du bécarre effaçant un dièse, doit être considéré comme une altération descendante, tendant à descendre.

178. Le ton de *do* ♯ mineur étant pris pour centre de modulations aux cinq tons voisins, ces cinq tons auront pour toniques les cinquième, quatrième, troisième, deuxième et premier degrés du ton de *mi*, relatif majeur de *do* ♯ mineur. (Voyez le *Tableau* (¹). On a dit comment on distinguait les toniques majeures des toniques mineures (155).

Exercices pratiques nᵒˢ 122 à 130.

Le Sixième et le Septième Dièses. — Les Tons qu'ils déterminent. — Les Relations
que ces tons ont entre eux.

179. Le sixième dièse se pose sur le *mi ;* il s'obtient par la sixième modulation au cinquième degré à partir de la gamme modèle. Six dièses *fa, do, sol, ré, la, mi*, donnent les tons de *fa* ♯ majeur et de *ré* ♯ mineur.

180. Le septième dièse se pose sur le *si ;* il s'obtient par la septième modulation au cinquième degré à partir de la gamme modèle. Avec sept dièses *fa, do, sol, ré, la, mi, si*, on est en *do* ♯ majeur ou en *la* ♯ mineur (²). (Voyez le *Tableau.*)

181. Le ton de *fa* ♯ majeur étant pris pour centre de modulations aux cinq tons voisins, ces cinq tons auront pour toniques les deuxième, troisième, quatrième, cinquième et sixième degrés du ton de *fa* ♯ majeur (³). On sait comment on distingue les toniques majeures des toniques mineures (155).

182. Les dièses forment une progression de quintes ascendantes, parce qu'ils sont engendrés par une suite de modulations au cinquième degré.

Exercices pratiques nᵒˢ 131 à 138.

La Modulation au Quatrième Degré. — Son effet dans le Mouvement rétrograde
des Gammes Diésées vers la Gamme Modèle.

183. Arrivé au ton de *do* ♯, si l'on veut revenir à la gamme modèle en passant successivement par toutes les gammes diésées, on commence par aller du ton de *do* ♯ au ton de *fa* ♯. (Voyez le *Tableau.*) Cette modulation se nomme *modulation*

(¹) On demandera quels sont les cinq tons voisins de *la* et de *mi* majeur, de *fa* ♯ mineur.

(²) On fera voir au *Tableau* que pour former ces gammes, comme pour former les précédentes, on prend le deuxième tétracorde de celle d'où l'on part pour en faire le premier de celle où l'on va ; on fera voir encore que c'est toujours le quatrième degré de la gamme précédente qui devient septième de la gamme suivante.

(³) On demandera quels sont les cinq tons voisins de *si majeur*, de *sol* ♯ et de *ré* ♯ mineurs ; quels seraient les cinq tons voisins du ton de *do* ♯ majeur ou de son relatif mineur.

au quatrième degré, parce qu'on prend le quatrième degré de la gamme où l'on est pour en faire la tonique de la gamme où l'on va.

184. Puisque la modulation au quatrième degré va en sens contraire de la modulation au cinquième degré, il est évident qu'elle se fait en renversant les opérations qui ont servi à moduler au cinquième degré. Ainsi, pour avancer du côté des dièses, on a pris le deuxième tétracorde d'une gamme pour en faire le premier de la gamme suivante ; pour rétrograder, c'est le contraire qui a lieu : on prend le premier tétracorde de la gamme où l'on est, pour en faire le deuxième de la gamme où l'on va. (Voyez le *Tableau.*)

185. Pour aller du côté des dièses, on élève d'un demi-ton le quatrième degré de la gamme où l'on est pour en faire le septième de la gamme où l'on va ; pour rétrograder c'est le contraire qui a lieu : à chaque modulation, on fait disparaître le dièse qui affecte le septième degré de la gamme où l'on est, la note rendue à son état naturel entre comme quatrième degré dans la gamme où l'on va. Donc, les modulations au quatrième degré détruisent successivement les dièses engendrés par une suite de modulations au cinquième degré.

Exercices pratiques n°s 139 à 149.

CHAPITRE IX. — DE LA GÉNÉRATION DES BÉMOLS.

La Modulation génératrice des Bémols.

186. Les modulations qui engendrent les bémols se font exactement de la même manière que celles qui détruisent les dièses : c'est en reproduisant sept fois la modulation au quatrième degré, à partir de la gamme modèle, qu'on obtient autant de bémols qu'il y a de notes à bémoliser dans la gamme de *do* (1). De même que la modulation au cinquième degré est la modulation génératrice des dièses, de même la modulation au quatrième degré est la modulation génératrice des bémols.

Le Deuxième et le Troisième Bémols. — Les Tons qu'ils déterminent. — Les Relations que ces Tons ont entre eux.

187. En faisant une modulation au quatrième degré de la gamme modèle, on a formé la gamme de *fa* ; si l'on fait une modulation au quatrième degré, de la gamme de *fa*, on obtient la gamme de *si* ♭ ; cette gamme, comme on le voit au *Tableau omnitonique*, a pour deuxième tétracorde le premier de la gamme de *fa*, et pour quatrième degré le septième de la gamme de *fa* abaissé d'un demi-ton. La deuxième modulation au quatrième degré, en partant de la gamme modèle, engendre donc le deuxième bémol.

188. Une troisième modulation qui s'opèrera en prenant pour deuxième tétracorde d'une gamme nouvelle, le premier de la gamme de *si* ♭ engendrera un troisième bémol qui se posera sur le *la*, septième degré de la gamme de *si* ♭, le *la* ♭ ira dans la gamme nouvelle remplir la fonction de quatrième degré. (Voyez le *Tableau omnitonique*.)

(1) On peut faire voir au *Tableau* les sept gammes bémolisées.

189. Les trois bémols *si, mi, la* se suivent de quartes en quartes supérieures, parce qu'ils sont engendrés par une suite de modulations au quatrième degré.

190. Puisqu'à chaque modulation génératrice des bémols, le dernier bémol engendré apparaît comme quatrième degré, on doit dire que *la tonique du mode majeur est placée quatre degrés au-dessous du dernier bémol.* Puisque les bémols arrivent de quartes en quartes supérieures, l'avant-dernier bémol est posé une quarte au-dessous du dernier ; l'avant-dernier bémol occupe donc la position de la tonique déterminée par le dernier bémol. On peut donc reconnaître encore le ton où l'on est par la position de l'avant-dernier bémol.

191. Avec deux bémols, *si* et *mi*, on est dans le ton de *si* ♭ majeur ou de *sol* mineur. Avec trois bémols *si, mi, la*, on est en *mi* ♭ majeur ou en *do* mineur.

192. Le ton de *si* ♭ étant pris pour centre de modulations au cinq tons voisins, ces cinq tons ont pour toniques les deuxième troisième, quatrième, cinquième et sixième degrés du ton de *si* ♭ (¹). (Voyez le *Tableau.*) On sait comment distinguer les toniques majeures des toniques mineures (155).

Exercices pratiques nᵒˢ 150 à 158.

Le Quatrième et le Cinquième Bémols. — Les Tons qu'ils déterminent. — Les Relations
que ces Tons ont entre eux.

193. Le premier tétracorde de la gamme de *mi* ♭ étant pris pour deuxième tétracorde d'une nouvelle gamme, on bémolise le *ré* pour le faire passer de la fonction de septième degré de la gamme de *mi* ♭ à la fonction de quatrième degré de la gamme nouvelle. (Voyez le *Tableau.*) Avec quatre bémols, *si, mi, la, ré*, on a pour tonique majeure l'avant-dernier bémol, et pour tonique mineure le *fa*, sixième degré du mode majeur.

194. Une cinquième modulation donne naissance à un cinquième bémol ; le *sol*, septième degré de la gamme de *la* ♭, est baissé d'un demi-ton, et passe comme quatrième degré dans la gamme nouvelle. Cinq bémols, *si, mi, la, ré, sol*, donnent les tons de *ré* ♭ majeur et de *si* ♭ mineur.

195. Si l'on prend, comme centre de modulations aux cinq tons voisins, le ton de *fa* mineur, ces cinq tons ont pour toniques les cinquième, quatrième, troisième, deuxième et premier degrés du ton de *la* ♭ (²). (Voyez le *Tableau.*) On sait comment se distinguent les toniques majeures des toniques mineures (155).

Exercices pratiques nᵒˢ 159 à 165.

Le Sixième et le Septième Bémols. — Les Tons qu'ils déterminent. — Les Relations
que ces Tons ont entre eux.

196. Le sixième bémol se pose sur le *do*, et s'obtient par la sixième modulation au quatrième degré à partir de la gamme modèle. Les six bémols *si, mi, la, ré, sol, do*, donnent les tons de *sol* ♭ majeur et de *mi* ♭ mineur. (Voyez le *Tableau.*)

(¹). On demandera quels sont les cinq tons voisins de *fa* majeur, de *ré* et de *sol* mineur.

(²) On demandera quels sont les cinq tons voisins de *mi* ♭, de *la* ♭ majeur et de *do* mineur.

197. Le septième bémol se pose sur le *fa*; il est engendré par la septième modulation au quatrième degré à partir de la gamme modèle. Avec sept bémols, qui sont, *si*, *mi*, *la*, *ré*, *sol*, *do*, *fa*, on est en *do* ♭ majeur, ou en *la* ♭ mineur.

198. Le ton de *sol* ♭ majeur étant pris pour centre de modulations aux cinq tons voisins, ces cinq tons ont pour toniques les deuxième, troisième, quatrième, cinquième et sixième degrés du ton de *sol* ♭ majeur (¹).

199. Les sept bémols se suivent de quartes en quartes ascendantes, parce qu'ils sont engendrés parune suite de modulations au quatrième degré.

Exercices pratiques n°s 166 à 173.

Comment agit la Modulation au Cinquième Dégré dans la marche retrograde
des Gammes Bémolisées vers la Gamme Modèle.

200. Arrivé au ton de *do* ♭, si l'on veut rétrograder c'est-à-dire retourner à la gamme modèle en passant par toutes les gammes bémolisées, on fait des modulations au cinquième dégré. Le deuxième tétracorde de la gamme de *do* ♭ prend rang de premier tétracorde dans la gamme de *sol* ♭, et l'on élève d'un demi-ton le quatrième degré de la gamme d'où l'on part pour en faire le septième de la gamme suivante. Donc, de même que la modulation au quatrième degré engendre les bémols et détruit les dièses, de même la modulation au cinquième degré engendre les dièses et détruit les bémols.

201. Si l'on voulait aller pas à pas de la gamme de *do* ♭ à la gamme de *do* ♯, on ferait donc une suite de modulations au cinquième degré ; et l'on ferait une suite de modulations au quatrième dégré, si l'on voulait aller de la gamme de *do* ♯ à la gamme de *do* ♭.

Exercices pratiques n°s 174 à 184 (²).

TABLEAU RÉSUMÉ.

7 bémols. *Fa* 4. **Do** 1. *Sol* 5. *Ré* 2. *La* 6. *Mi* 3. *Si* 7.		
6 bémols..... *Do* 4. **Sol** 1. *Ré* 5. *La* 2. *Mi* 6. *Si* 3.	Fa 7	1 dièses.
5 bémols........... *Sol* 4. **Ré** 1. *La* 5. *Mi* 2. *Si* 6.	Fa 3. Do 7	2 dièses.
4 bémols................. *Ré* 4. **La** 1. *Mi* 5. *Si* 2.	Fa 6. Do 3. Sol 7	3 dièses.
3 bémols..................... *La* 4. **Mi** 1. *Si* 5.	Fa 2. Do 6. Sol 3. Ré 7	4 dièses.
2 bémols......................... *Mi* 4. **Si** 1.	Fa 5. Do 2. Sol 6. Ré 3. La 7	5 dièses.
1 bémol........................... *Si* 4.	**Fa** 1. Do 5. Sol 2. Ré 6. La 3. Mi 7	6 dièses.
	Fa 4. **Do** 1. Sol 5. Ré 2. La 6. Mi 3. Si 7.	7 dièses.

202. En lisant ce tableau de haut en bas, sans tenir compte, pour le moment, de la colonne latérale qui se rapporte aux bémols, on voit, à la ligne supérieure, les notes de la gamme modèle disposées par quintes ascendantes ; chaque note est accompagnée du chiffre qui indique la fonction qu'elle remplit dans la gamme.

(¹) On demandera quels sont les cinq tons voisins de *ré* ♭ majeur, de *si* ♭ et de *mi* ♭ mineurs. Quels seraient les cinq tons voisins de *do* ♭ majeur ou de son relatif mineur.

(²) Ces exercices qui paraissent difficiles, seront parfaitement solfiés, si la solmisation préparatoire au *Tableau omnitonique* a été faite avec soin.

COURS ÉLÉMENTAIRE

PRATIQUE.

Intervalles de Secondes du Tétracorde *do, ré, mi, fa.*

(Théorie. § 8, 9, 10 et de 37 à 43.)

Intervalles de *Tierces*

(Théorie. § 11.)

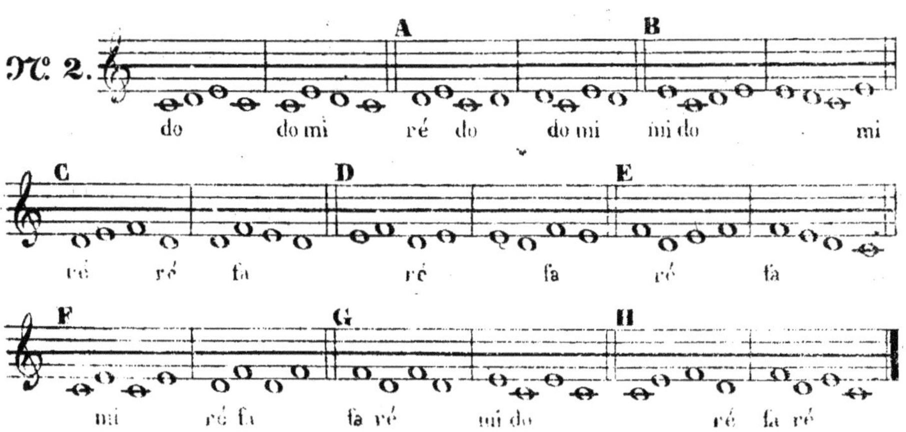

Intervalles de *Quartes*.
(Théorie § 12.)

N°. 3.

Intervalles de *Secondes* du Tétracorde *sol, la, si, do.*
(Théorie § 8 9 10 et 15.)

N°. 4.

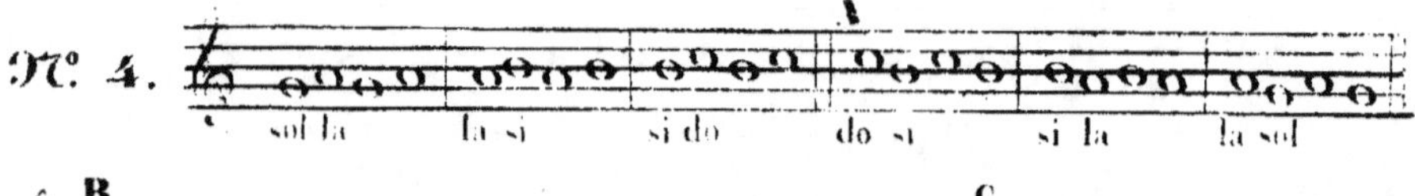

Intervalles de *Tierces*
(Théorie § 11.)

N°. 5.

Intervalles de *Quartes*.
(Théorie § 12.)

N°. 6.

A
sol do sol sol do do sol do si
B
sol do si la da sol la
C
do sol do sol do la do la do sol

Intervalles de Secondes de la Gamme diatonique
(Thème § 14 à 52.)

N.° 7.
do do do
mi mi sol sol
si si ré ré mi ré
si si sol sol
mi do do do

Intervalles de Tierces
(Thème § 10)

N.° 8.
do mi fa sol ré sol la ré fa si
fa si do sol do ré la ré mi
ré la sol do sol fa si la mi
la mi ré sol do fa do

Intervalles de *Quartes*

(Théorie de la *Quarte majeure* § 2[illegible] à 32.)

Nº 9.

Récapitulation des exercices précédents.

Nº 10.

Nº 11.

Nº 12.

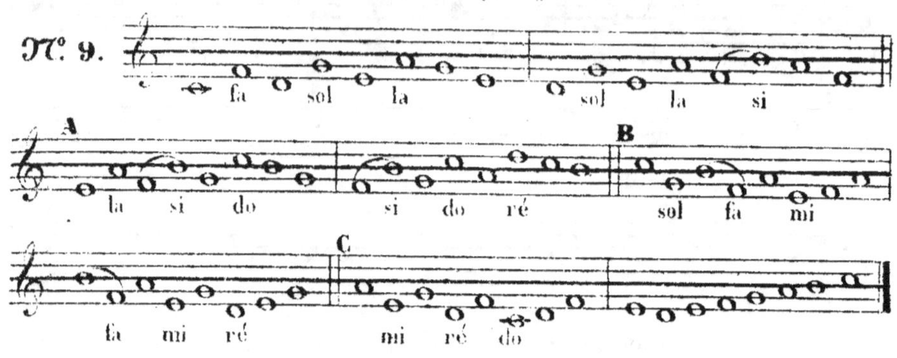

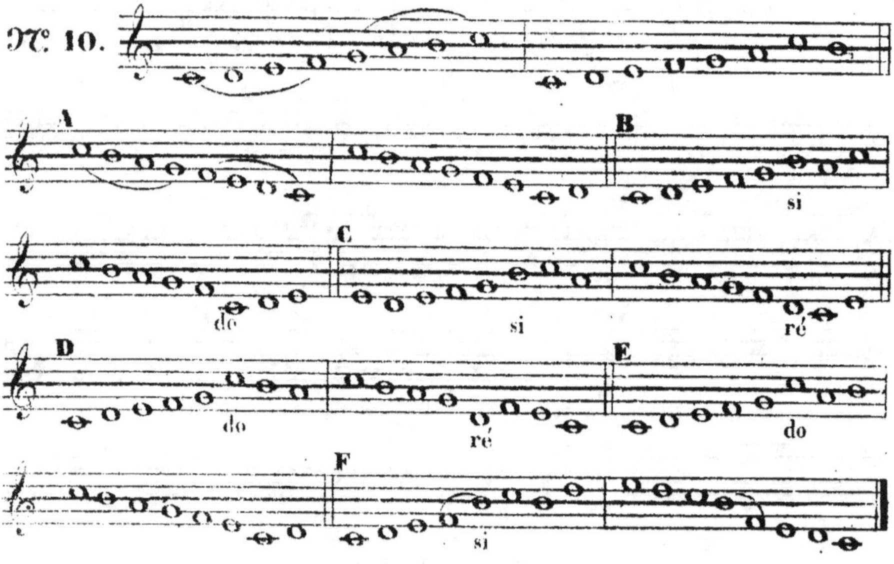

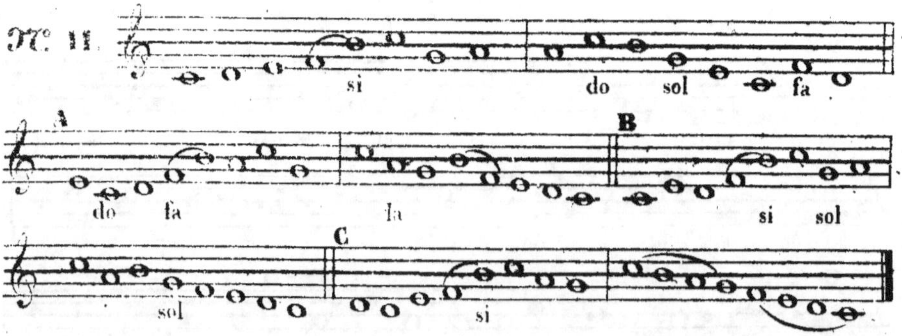

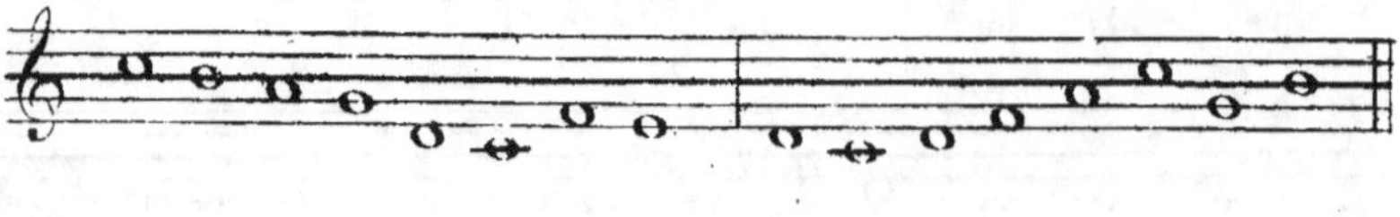

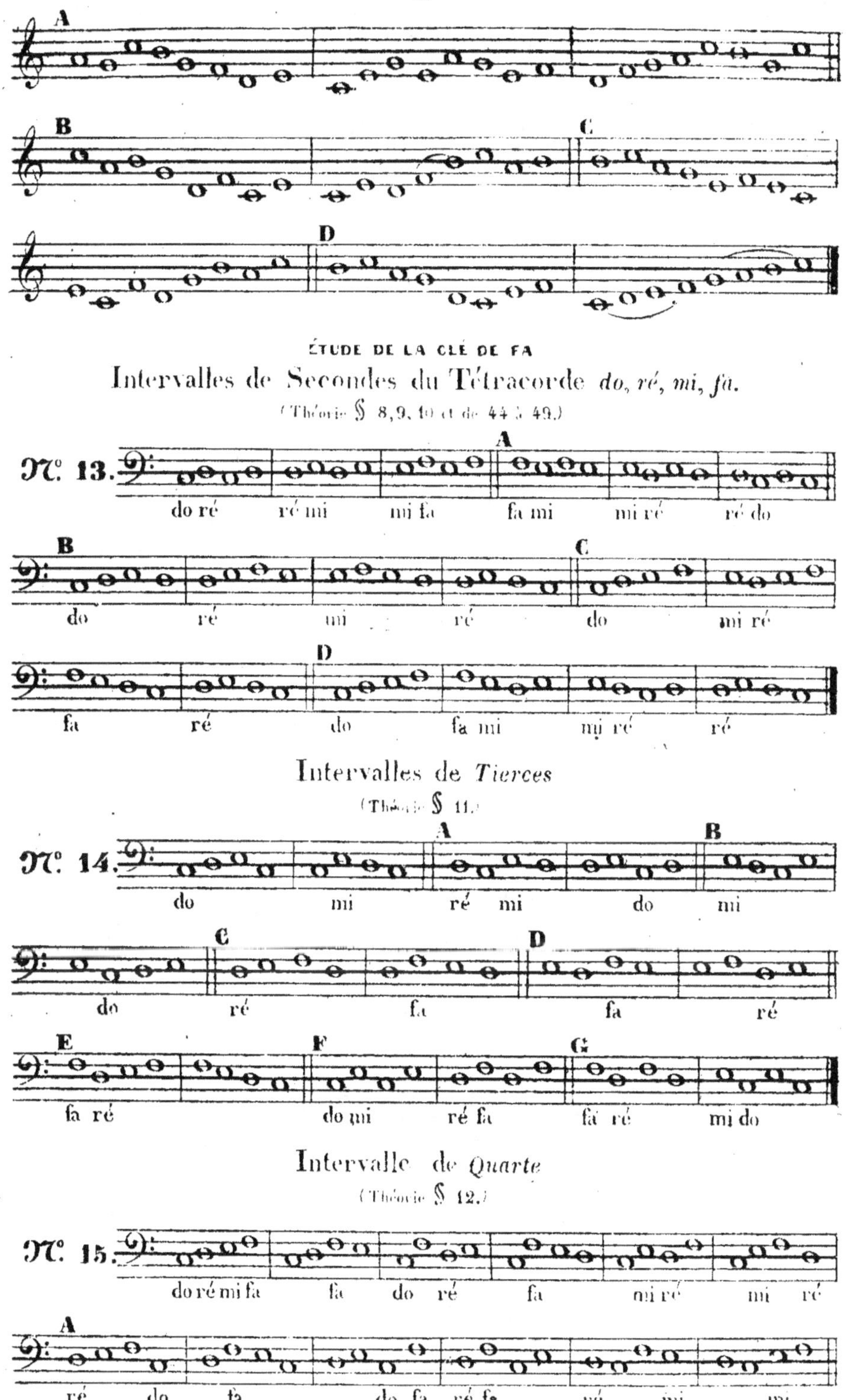
A
B
C
D
ÉTUDE DE LA CLÉ DE FA
Intervalles de Secondes du Tétracorde do, ré, mi, fa.
(Théorie § 8, 9, 10 et de 44 à 49.)
N° 13.
A
do ré   ré mi   mi fa   fa mi   mi ré   ré do
B
C
do   ré   mi   ré   do   mi ré
D
fa   ré   do   fa mi   mi ré   ré
Intervalles de Tierces
(Théorie § 11.)
N° 14.
A
B
do   mi   ré mi   do   mi
C
D
do   ré   fa   fa   ré
E
F
G
fa ré   do mi   ré fa   fa ré   mi do
Intervalle de Quarte
(Théorie § 12.)
N° 15.
do ré mi fa   fa   do   ré   fa   mi ré   mi   ré
A
ré   do   fa   do fa   ré fa   ré   mi   mi

B
do fa ré do do ré
C
do mi re mi do
Intervalles de Secondes du Tétracorde sol, la, si, do.
(Théorie § 8, 9, 10 et 15.)
N° 16.
sol la la si si do do si si la la sol
B
sol la la si si do la si sol la si la
C
D
do si la si sol do si la fa
Intervalles de Tierces
(Théorie § 11.)
N° 17.
sol sol la sol si sol si
C D E
la do si la la si la sol
F G H
sol si la do la sol
Intervalles de Quartes
(Théorie § 12.)
N° 18.
sol la si do sol do do la sol do si la la si
A
si si sol do la sol sol si sol do
B C
do la do sol sol sol la do si

Intervalles de Secondes de la *Gamme diatonique*

(Théorie § 14 à 52.)

N° 19.

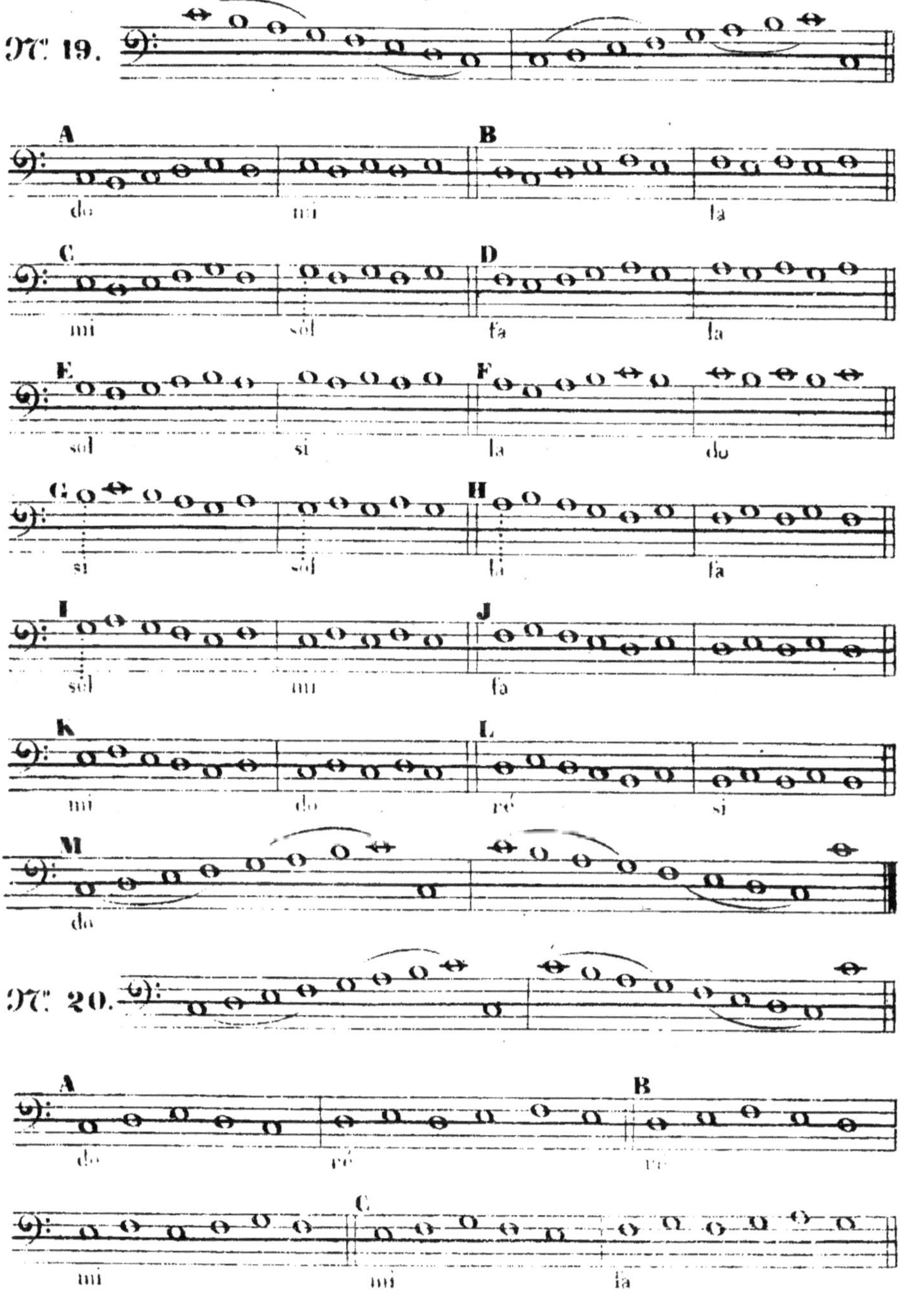

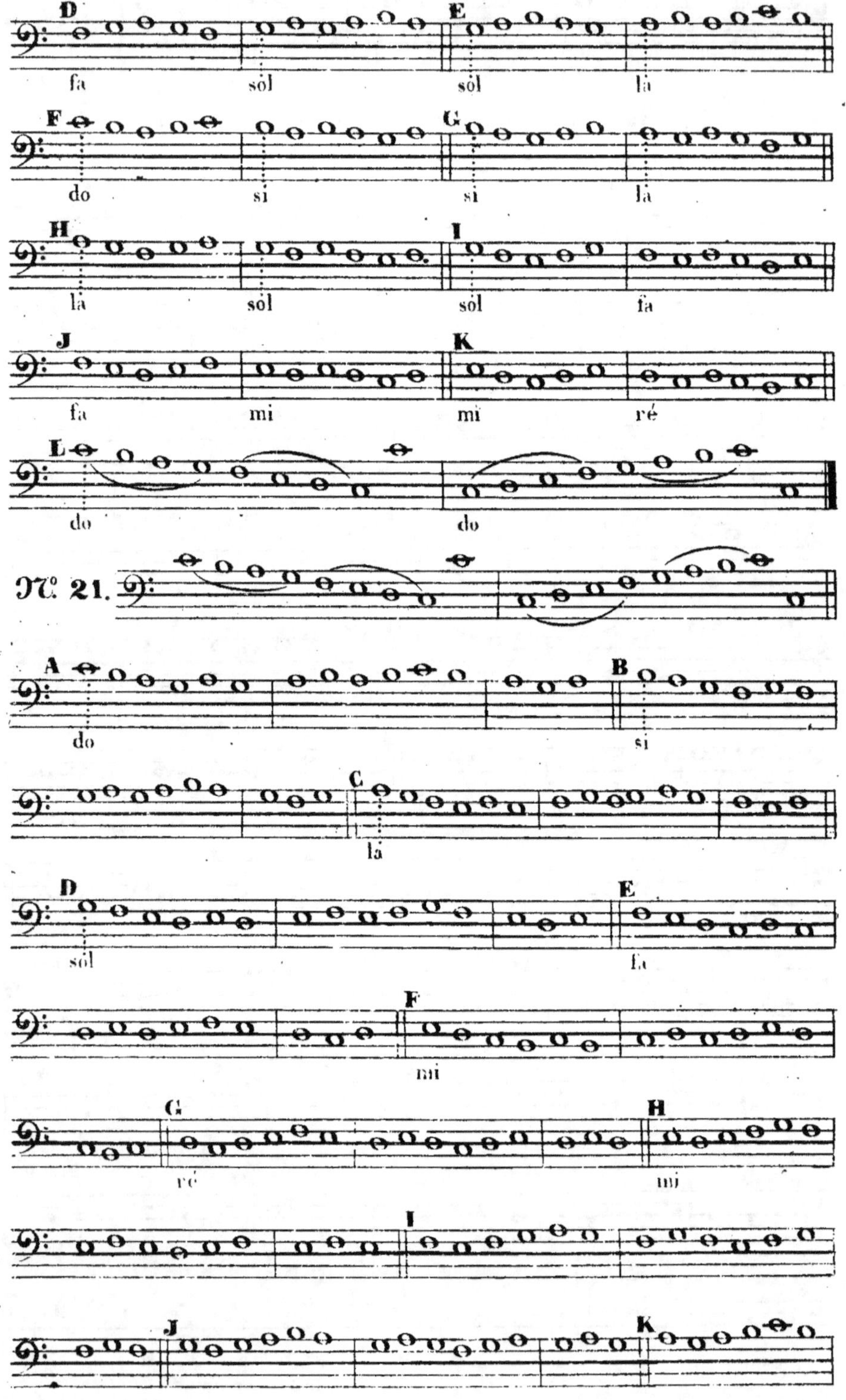
D
fa
sol
E
sol
la
F
do
si
G
si
la
H
la
sol
I
sol
fa
J
fa
mi
K
mi
ré
L
do
do
N.º 21.
A
do
B
si
C
la
D
sol
E
fa
F
mi
G
ré
H
mi
I
J
K

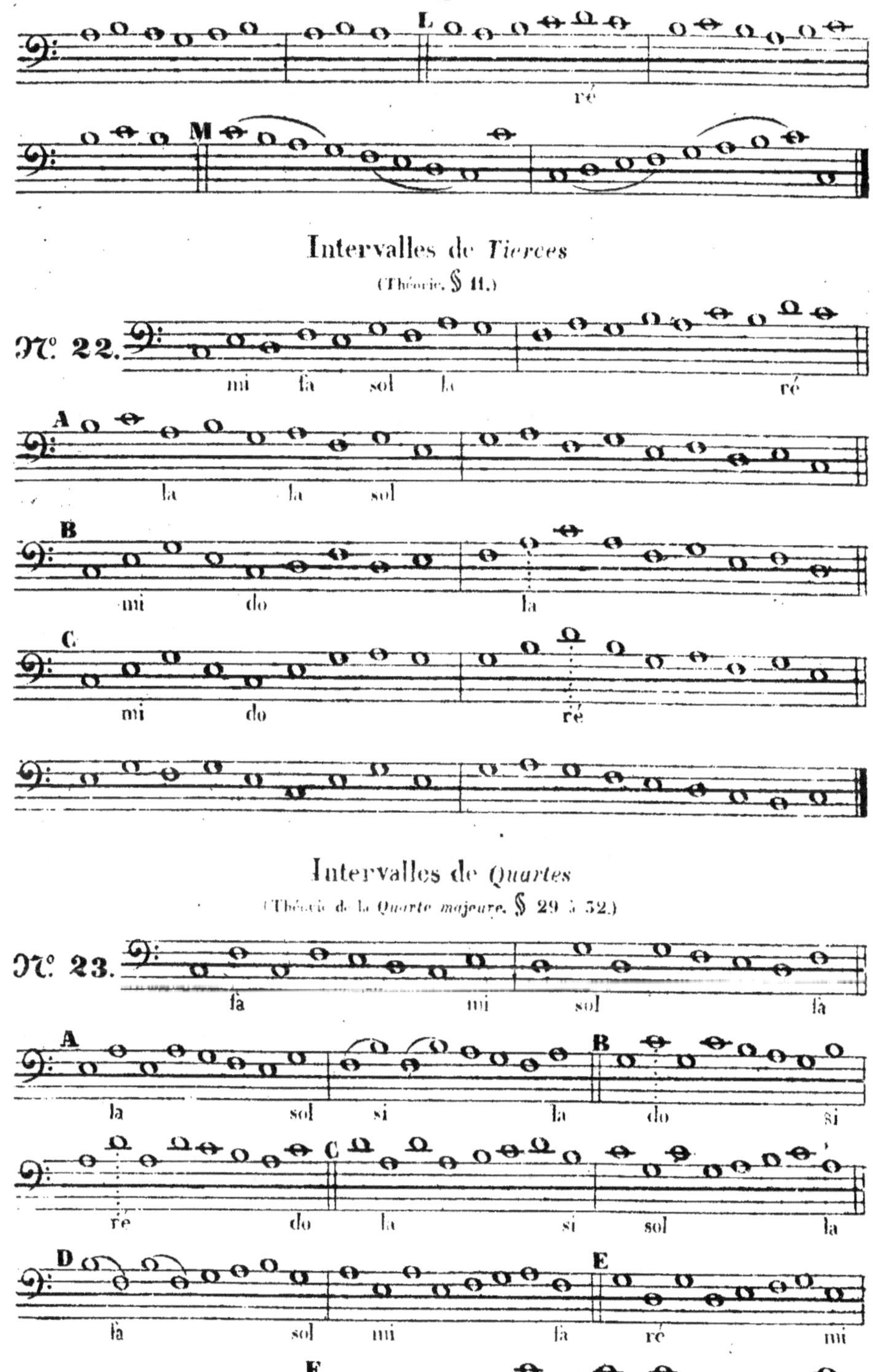
ré
Intervalles de Tierces
(Théorie. § 11.)
N° 22.
mi fa sol la ré
A
la la sol
B
mi do la
C
mi do ré
Intervalles de Quartes
(Théorie de la Quarte majeure. § 29 à 32.)
N° 23.
fa mi sol la
A B
la sol si la do si
C
ré do la si sol la
D E
la sol mi la ré mi
F
do ré mi sol do

Récapitulation des exercices précédents.

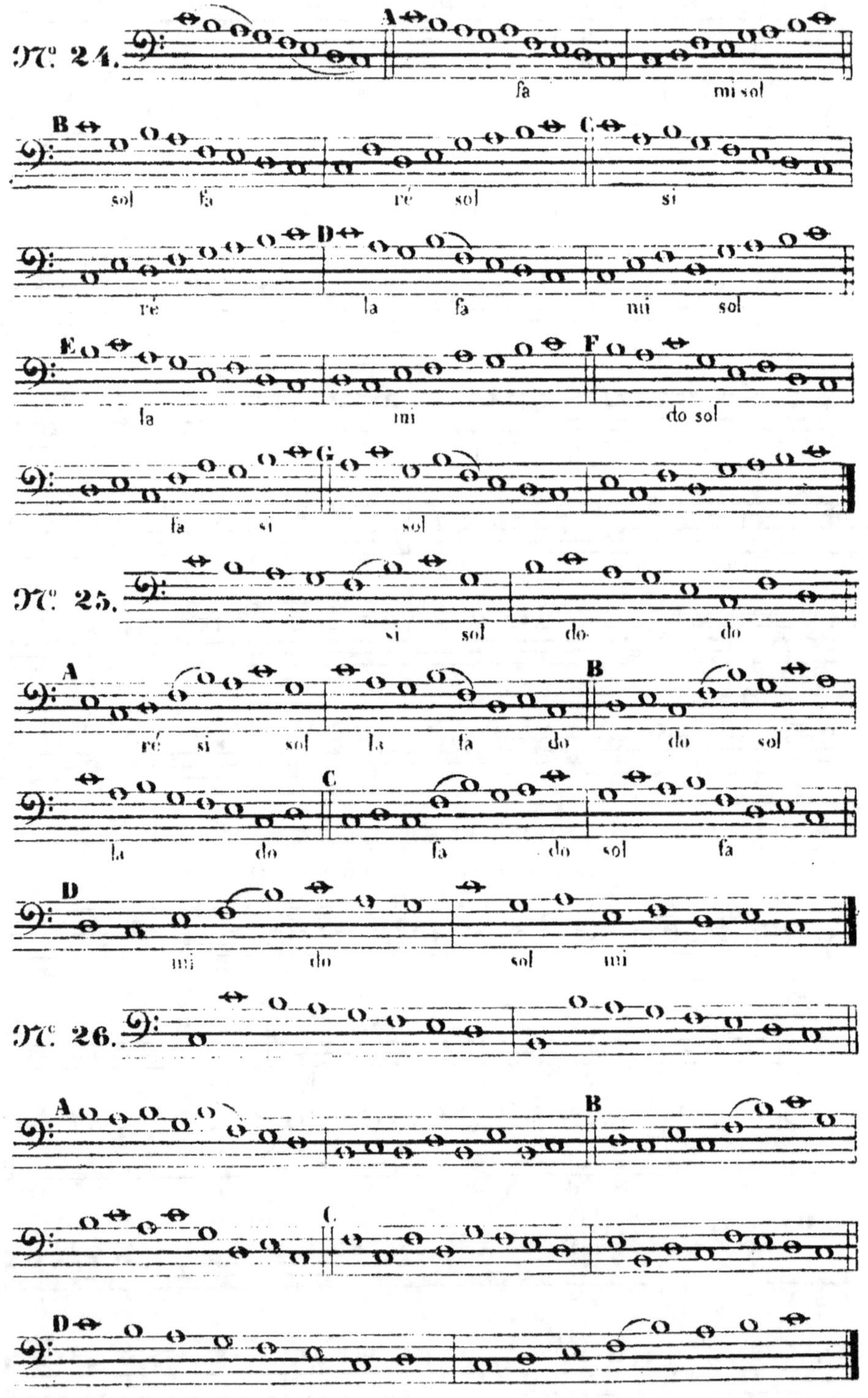

LE TON DE SOL ET LE DIÈSE

(Théorie. § 50 à 55.)

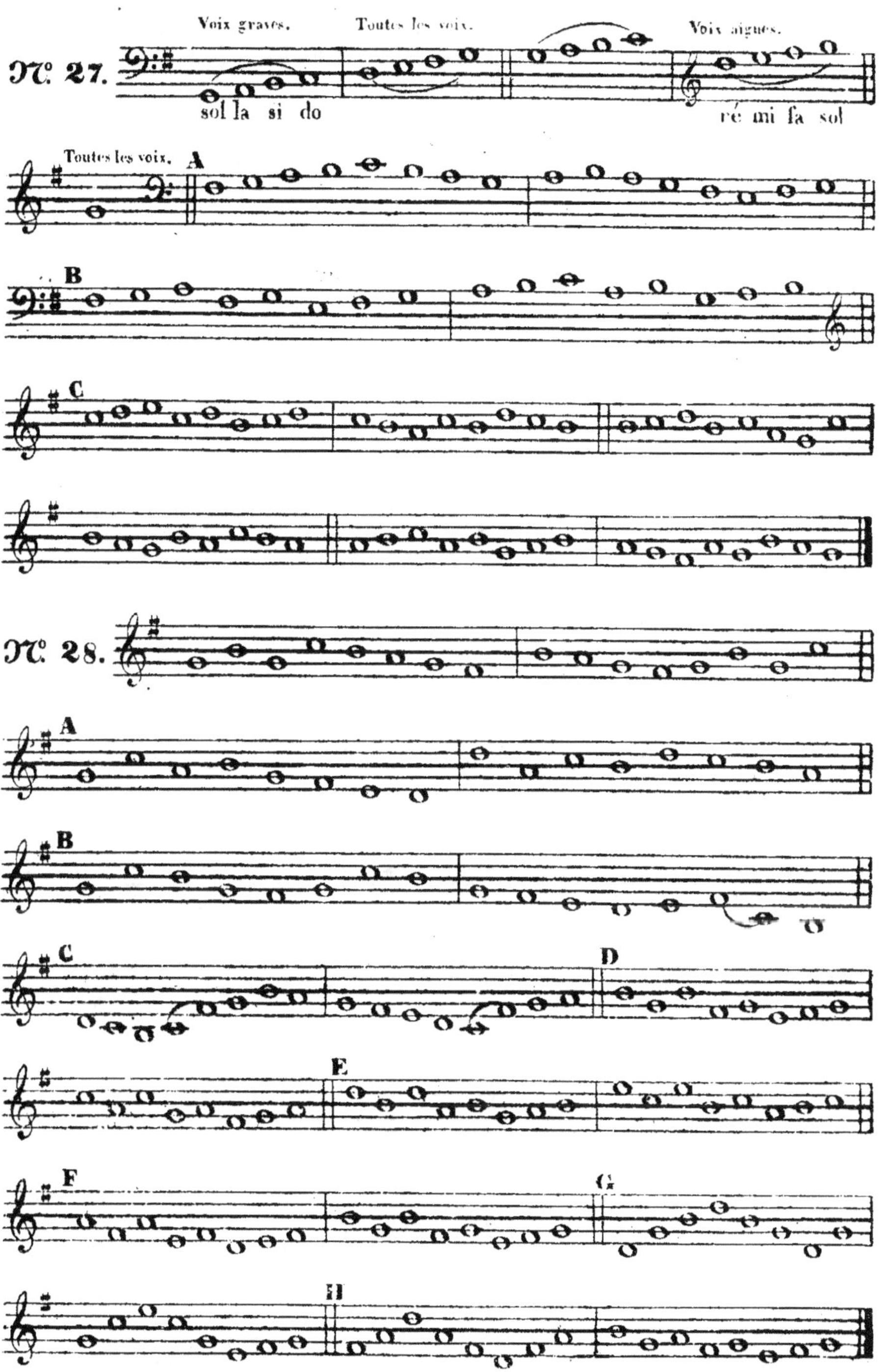

LE TON DE FA ET LE BÉMOL

(Théorie. § 56 à 60.)

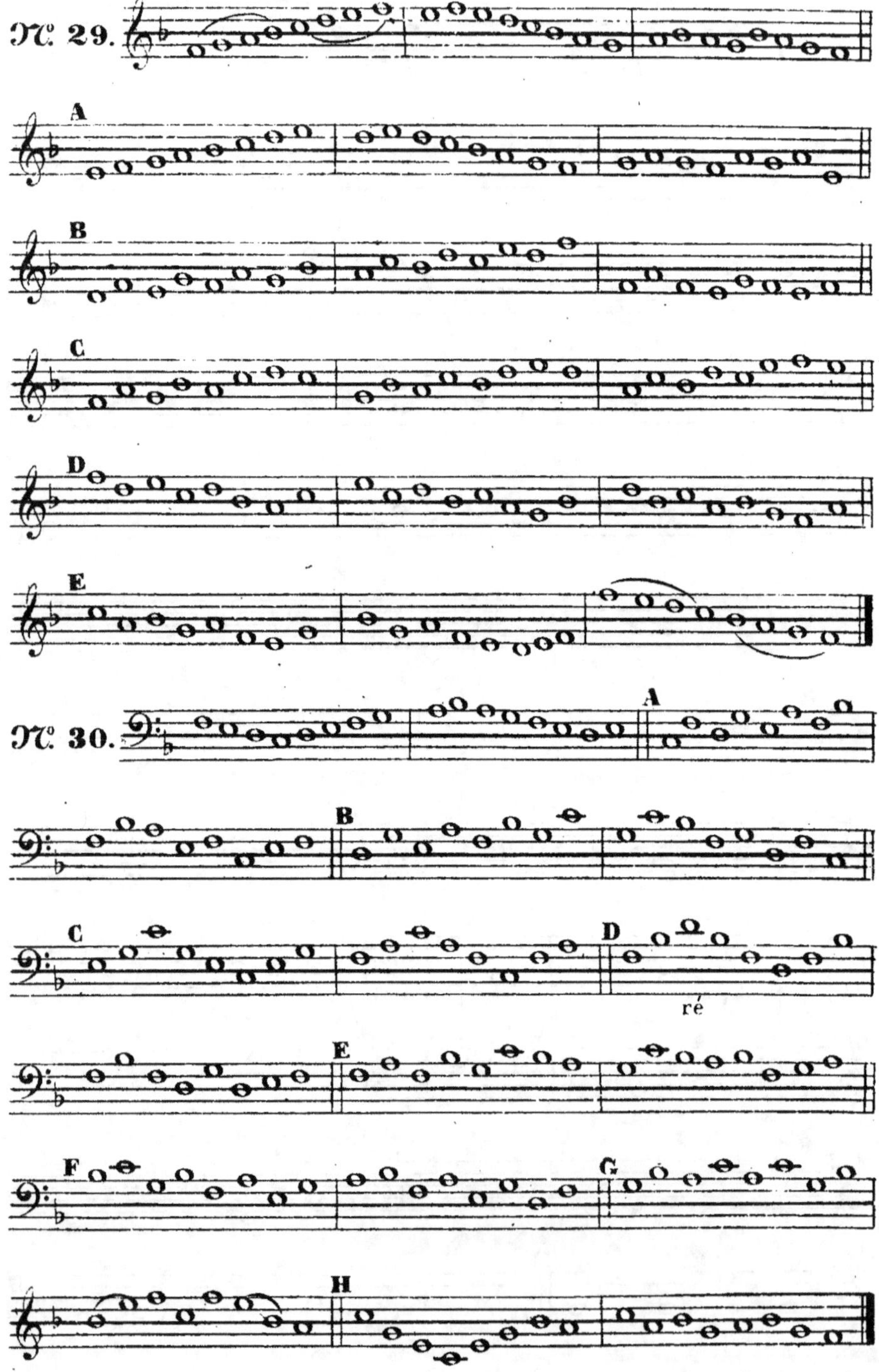

Intervalles de *Secondes*.

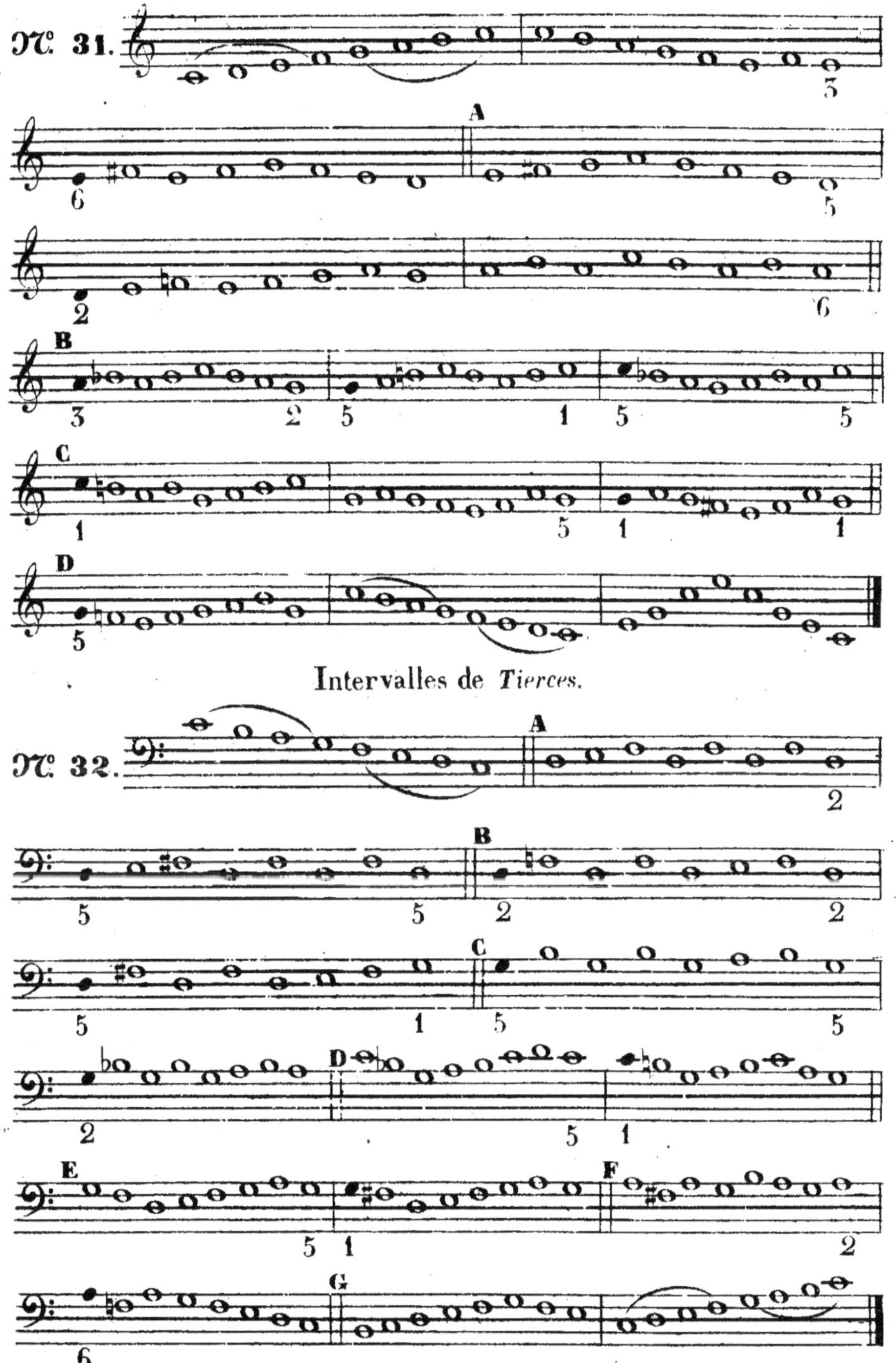

Intervalles de *Tierces*.

Intervalles de Quartes.

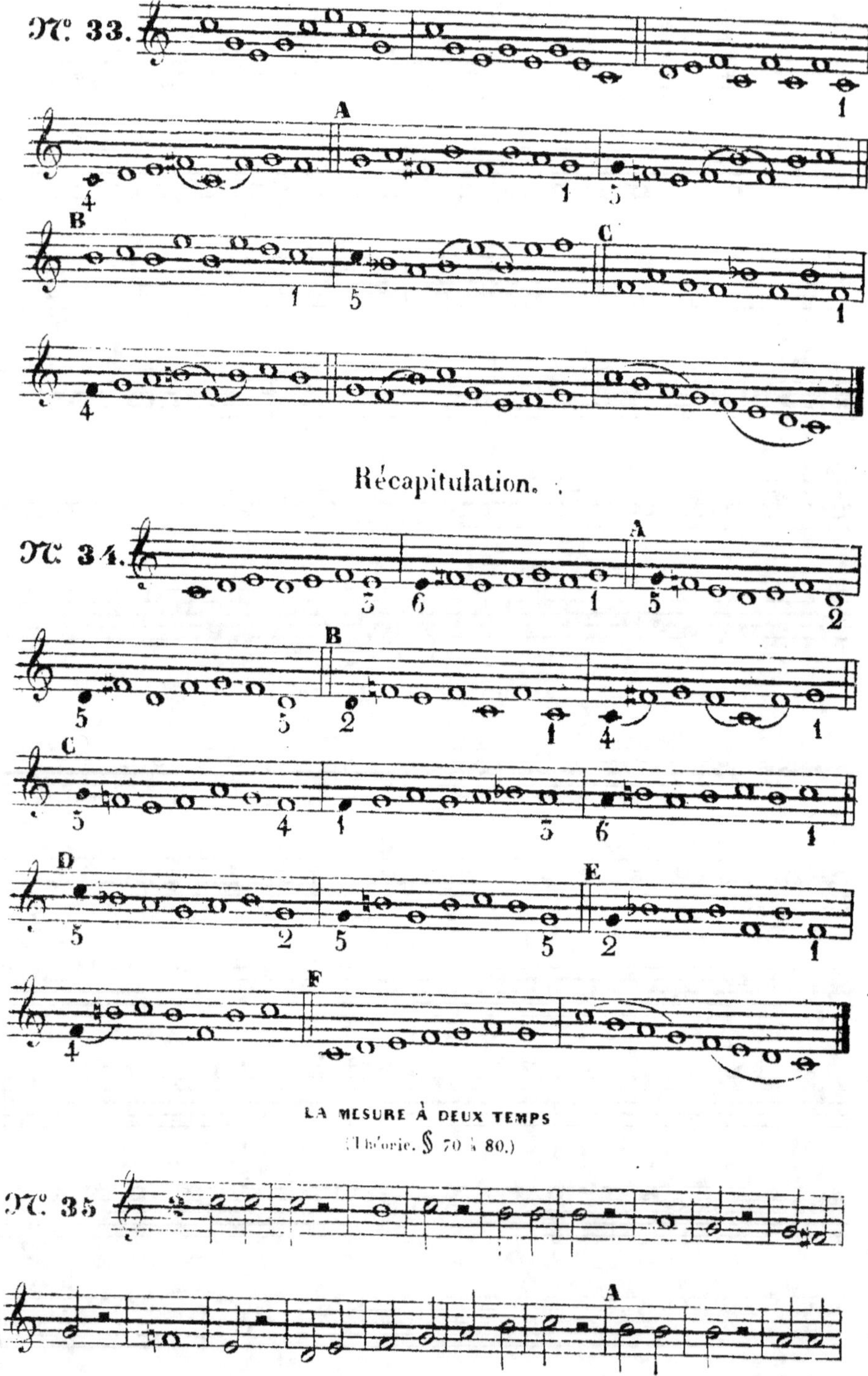

B
Nᵒ 36.
A
B
Nᵒ 37.
A
B

N° 38.
N° 39.
N° 40.
A
B
LA MESURE À DEUX QUATRE
(Théorie. § 81, 82 et 83.)

A la deuxième ligne et aux lignes suivantes sont écrites toutes les gammes diésées. Les notes naturelles qui entrent dans chacune de ces gammes précèdent la ligne du milieu ; les notes diésées sont après la ligne, leur nombre est résumé dans la colonne latérale de droite.

Il faut le remarquer, c'est toujours le quatrième degré qui, du commencement d'une ligne quelconque, va à la fin de la ligne suivante prendre rang de septième degré.

Le premier degré de mode majeur, la tonique, est toujours la seconde note de la série ; elle est immédiatement suivie de la fonction de cinquième degré ; ce cinquième degré, à la ligne au-dessous, devient lui-même tonique ; on peut donc résumer la modulation au cinquième degré en disant : lorsque 5 devient 1, 4 devient 7.

203. Si on lit le tableau de bas en haut et de droite à gauche, sans tenir compte de la colonne latérale de droite qui se rapporte aux dièses, on voit, à la ligne inférieure, la gamme modèle disposée par quartes ascendantes.

A la ligne supérieure et aux lignes suivantes, sont écrites toutes les gammes bémolisées. Les notes naturelles qui entrent dans chacune de ces gammes, précèdent la ligne du milieu ; les notes bémolisées sont placées après la ligne, leur nombre est résumé dans la colonne latérale de gauche.

La tonique est l'avant-dernière note de la ligne ; elle est suivie de la fonction de quatrième degré. Ce quatrième degré, à la ligne supérieure, devient tonique ; et, si l'on a remarqué que dans ce mouvement rétrograde le septième degré, qui est au commencement de la série, va à la série supérieure remplir la fonction de quatrième degré, on peut résumer la modulation au quatrième degré en disant : lorsque 4 devient 1, 7 devient 4.

204. La quarte majeure, avons-nous dit, est l'âme de la gamme diatonique (30) ; elle est encore, pour ainsi dire, le *ressort de la modulation,* puisque c'est en touchant à l'un de ses termes que le ton établi disparaît pour faire place à un autre ton.

CHAPITRE X. — ÉLÉMENTS DE L'ART DU CHANT.

L'Étude propre à cultiver la Voix. — Les Signes d'Expression.

205. La solmisation, avons-nous dit (3), consiste à faire entendre les sons musicaux au moyen des syllabes qui servent à les nommer. L'étude de la musique vocale comprend encore la *vocalisation* et le *chant* proprement dit.

206. La vocalisation est un exercice propre à donner à la voix la puissance et la douceur, et en même temps toute l'étendue qu'elle peut parcourir, toute la souplesse et toute l'agilité dont elle est susceptible.

207. Le chant, c'est l'application des paroles aux sons, c'est l'union de la poésie et de la musique ; on doit donc, en chantant, donner à l'articulation des mots toute la netteté possible, afin de rendre toutes les idées et tous les sentiments exprimés par

la poésie ; car l'union de la musique à la poésie a pour but de faire ressortir davantage l'objet qu'elles se proposent l'une et l'autre.

208. La vocalisation est la partie mécanique de l'art du chant ; puisque c'est par elle qu'on parvient à corrriger toutes les imperfections de la voix, c'est par elle seule que les qualités expressives peuvent se développer. Attaquer un son avec une grande douceur, le conduire graduellement à la sonorité la plus éclatante, et le terminer en diminuant peu à peu, en prononçant la voyelle *a*, la bouche bien ouverte : tel est l'exercice élémentaire de l'art de vocaliser. Cela s'appelle *filer un son.*

209. On donne le nom de *nuances* aux diverses modifications du son allant du fort au faible, et réciproquement. Pour faire connaître comment les sons doivent être *nuancés*, on se sert de mots italiens. Le tableau suivant contient les mots les plus usités, leur signification et la manière de les écrire. Les signes, les lettres ou les mots qui servent à marquer les nuances, sont désignés sous le nom de *signes d'expression.*

MOTS USITÉS.	LEUR SIGNIFICATION.	COMMENT ON LES ÉCRIT.
Forte.	Fort.	F.
Fortissimo.	Très-fort.	FF.
Mezzo forte.	A moitié fort.	M. F.
Piano.	Doux.	P.
Pianissimo.	Très-doux.	PP.
Crescendo.	En augmentant.	Cres. ou ＜
Diminuendo.	En diminuant.	Dim. ou ＞

Exercices pratiques n°s 185 à 191 (¹).

Les Sons détachés. — Les Sons liés. — Le Retard du Mouvement.

210. Pour marquer que les sons doivent être attaqués avec une certaine sécheresse et bien détachés les uns des autres, on met au-dessus ou au-dessous des notes un point ou une espèce de virgule allongée. On indique encore cette articulation par le mot *staccato*, qui signifie *détaché.*

211. Si l'on veut au contraire que les sons soient bien liés et proférés sans prendre respiration, on leur applique le signe connu sous le nom de *liaison,* ou bien on écrit au-dessus des notes le mot *legato,* qui signifie *lié.*

(¹) Avant de faire vocaliser les exercices suivants, on les fera solfier plusieurs fois. Dans ces exercices, la perfection consiste en partie dans la lenteur du mouvement. Les enfants, comme on le sait, ont la respiration courte ; pour eux le mouvement devra donc être un peu moins lent que pour des adultes. Quelques instants de la leçon devront être employés chaque jour à l'étude de l'un ou de l'autre des exercices à *vocaliser*, jusqu'à ce qu'on soit arrivé à une belle sonorité, à une grande ampleur et à une justesse irréprochable.

212. Enfin, on cherche quelquefois l'expression dans le retard du mouvement, quelquefois encore en retenant au delà de sa valeur un son quelconque. Les mots *ritardando* ou *rallentando*, qu'on écrit ordinairement en abrégé de cette manière, *ritard, rall*, indiquent qu'on doit ralentir le mouvement de la mesure. Le mot *ritenuto*, qu'on écrit ainsi en abrégé, *rit*, indique qu'il faut retenir au delà de sa valeur la note au-dessus de laquelle il est écrit.

Conditions d'une Bonne Exécution Musicale.

213. Lorsque la voix va du grave à l'aigu ou de l'aigu au grave, ses mouvements sont réglés par l'*Intonation* (6).

214. Si les mouvements de la voix ont lieu d'un son long à un son bref, et réciproquement, ils sont réglés par la *Mesure* (71).

215. Si la voix va d'un son fort à un son faible, ou d'un son faible à un son fort, ses mouvements sont réglés par les *Nuances* (209).

LA JUSTESSE DE L'INTONATION,

L'EXACTITUDE DE LA MESURE,

UNE PARFAITE OBSERVANCE DES NUANCES,

Telles sont les conditions d'une bonne exécution musicale.

Exercices pratiques n°s 192, etc. [1]

---

[1] Les N^{os} de nos *Chants d'école* ou de nos *Cantiques faciles*, écrits dans les mesures étudiées au chapitre IV, doivent compléter ici les *Exercices pratiques*.

ERRATA.

Page 37. Au lieu de : *(Théorie)* § 8, 9, 10 *et de* 37 *à* 43, lisez : (Théorie)   8, 9, 10 et de 33 à 39.

Page 41. Au lieu de : *(Théorie)* § 8, 9, 10 *et de* 44 *à* 49, lisez : (Théorie) § 8, 9, 10 et de 40 à 45.

N.º 41.
N.º 42.

Canon
N° 43.
2
Canon
N° 44.
1

EXERCICES À DEUX VOIX

(Signification des signes qui indiquent le *mouvement*. § 84 et 85.)

N° 45.

A

B

C

♩ = 72
N.º 46.
2/4
A
B
C

♩ = 92
№ 47.
A
B
C

N.° 48.
= 92
Même mouvement.
A
B
N.° 49.
= 60

Même mouvement.

N° 50.

C
N.º 51.
♩ = 80
A
B
Même mouvement
2/4
2/4
C

N°. 52.
♩ = 60
A
B
C

(Théorie. § 86.)
♩ = 60 à 104
2/4
N° 53.
A
B
C
D

PLUSIEURS ARTICULATIONS PAR TEMPS
(Théorie § 27, 28)
N° 54.
A
Même mouvement
B
C

LE BOUQUET DE L'ANGE.

2

A son retour dans sa patrie.
Aux yeux de la céleste cour,
Il voulait l'offrir à Marie,
A la Vierge Sainte et bénie,
Comme un tribut de notre amour.

3

Mais une rose à peine née
Lui dit: bel ange du Seigneur,
Pour votre reine immaculée
Ma corolle est pâle et fanée
Et mon calice est sans fraicheur.

4

Hélas! Je ne suis que souillure
Dit le lis ne me cueillez pas;
Devant une Vierge si pure
Il faut une blanche parure
Que les lis n'ont point ici bas.

5

Puis la violette s'écrie
Cachant sa timide beauté
Avant de m'offrir à Marie
Ange du ciel je vous en prie
Enseignez moi l'humilité.

6

L'ange admira ce doux mystère
Et des pleurs humectant ses yeux
Il dit: nulle fleur sur la terre
N'est digne de vous, ô ma mère!
Allons en cueillir dans les cieux.

Nº 56
♩ = 72
A
B
C
D

Nº 57.
= 60
2/4
A
B

LE POINT D'ORGUE, LA REPRISE, LE RENVOI.
(Théorie. § 89, 90 et 91.)
N° 59.
S
A
B
FIN.
Même mouvement
C

D
LA MESURE À TROIS TEMPS
(Théorie. § 92 à 97.)
♩ = 72
N° 59.
A
B
C

Nº 60.
= 72 à 104
D
A
B
C
D
FIN

— 71 —
D.C.
E
♪ = 72
Nº 61.
3/4
3/4
A
B
C
D

d = 100
E
N° 62.
A
Même mouvement
FIN. Même mouvement

LA MESURE À QUATRE TEMPS
(Théorie. § 98 à 101.)
N° 63.

C
D
♩ = 80
Nº 64.
A

B
C

N.º 65.
= 72

LE POINT APRÈS UNE NOTE VALANT UN TEMPS

(Théorie. § 102.)

ré _ e
B
do _ o   la _ a
fa _ a
ré _ e   do _ o   mi _ i   do _ o   C
si _ i   mi _ i   so _ ol   la _ a
fa _ a
mi _ i
LA LIAISON ET LA SYNCOPE
(Théorie. § 103, 104 et 105.)
= 72
N° 68.

do _ o si _ i la _ a so _ ol fa _ a mi _ i
A
do _ o etc.
B
No. 69.
= 100
A
B
C

E
N° 70.
♩ = 80
2/4
A

B
C
D
♩ = 104
№ 71.
A

B
C
D
E

N° 72.
♩ = 104
A
B
FIN
Même mouvement

C
D.C.
La même à deux temps.
♩ = 60
N° 73.
A

B
FIN
Même mouvement
C
D.C.

LES QUATRE ÂGES DU JOUR.

Pour apprendre à articuler une note longue et une note brève par temps.

2

Midi le fait monter sur son trône de flamme
L'œuil n'en peut plus alors soutenir la splendeur,
Et je dis, accablé de sa puissante ardeur
    C'est Dieu (bis) qui pénètre mon âme
    Du sentiment de sa grandeur

3

Le soir vers l'horizon sa course descendue
De ses sommets lointains semble chercher l'appui,
Son front découronné, d'un feu plus doux a lui
    C'est Dieu (bis) qui permet que ma vue
    Ose s'élever jusqu'à lui.

4

La nuit d'un crêpe noir enveloppe la terre
Son souffle éteint du jour le radieux flambeau
Quand le monde muet semble un vaste tombeau,
    C'est Dieu (bis) qui parle en ce mystère
    Il me promet un jour plus beau.

Mme A. Tastu.

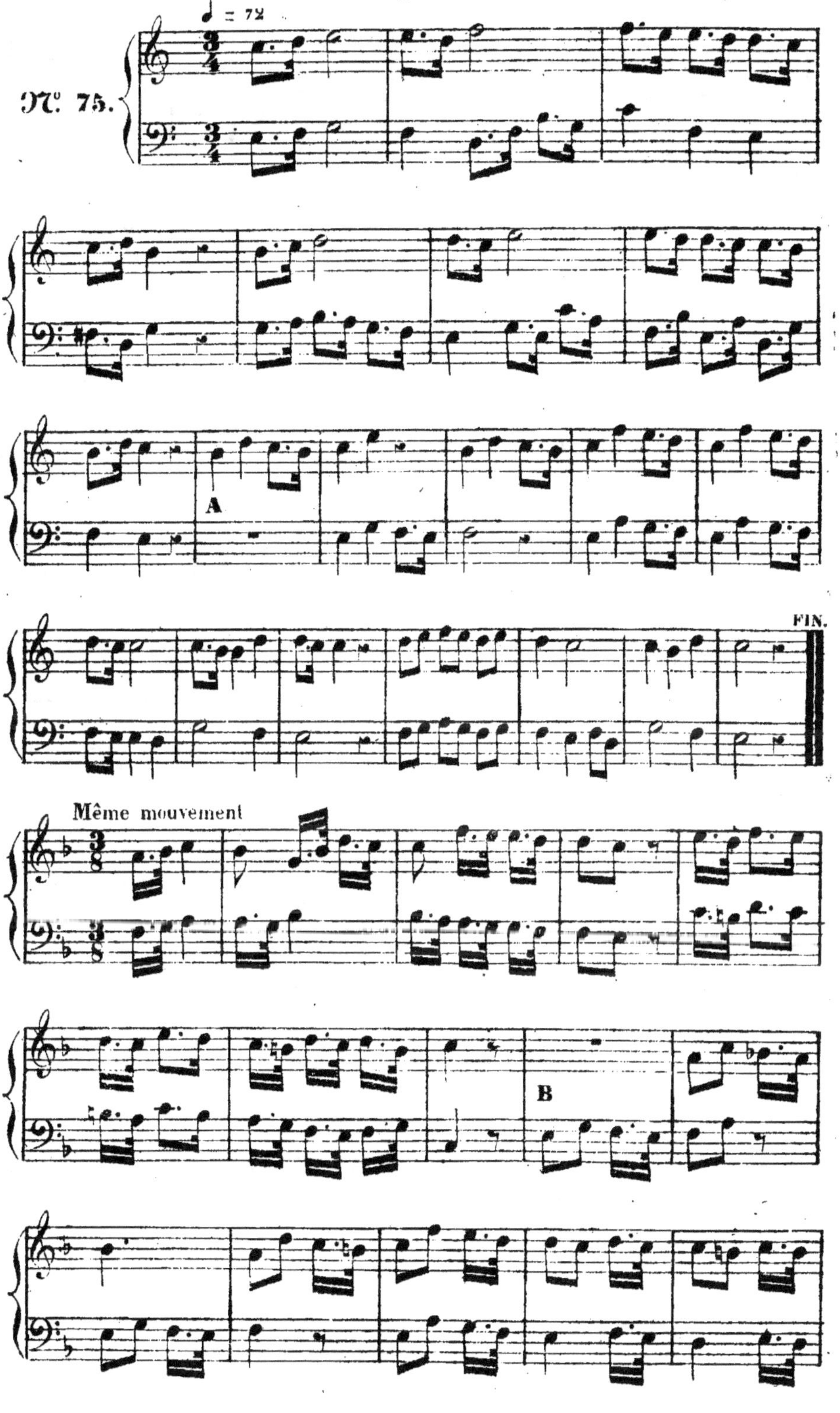

N° 75.

♩ = 72

A

FIN.

Même mouvement

B

LES INTERVALLES QUI DÉPASSENT L'ÉTENDUE D'UN TÉTRACORDE

Intervalles de *Quintes* Renversements des intervalles de *Quartes*.

(Théorie. § 106 à 114)

N.° 76.

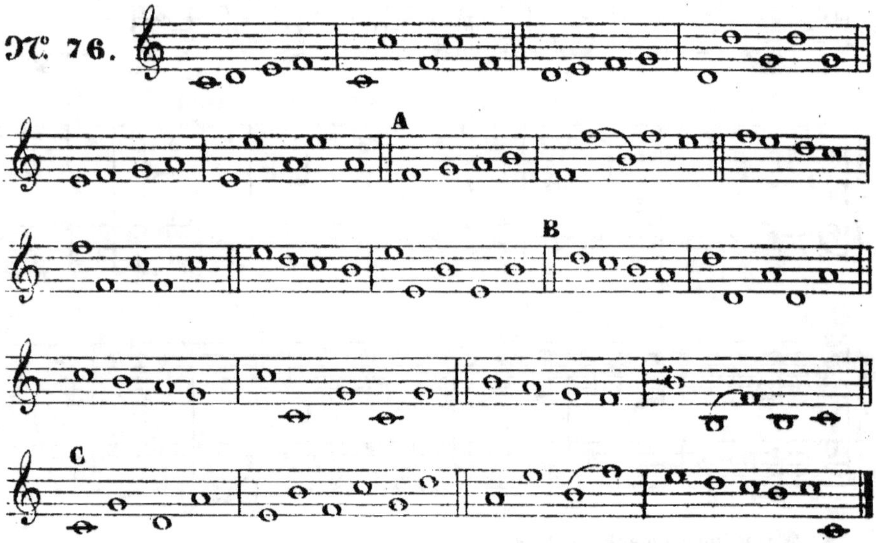

A

B

C

N.° 77.

A

B

C

Intervalles de *Sixtes*. Renversements des Intervalles de *Tierces*.

(Théorie. § 115 à 119)

N.° 78.

N.º 79.
N.º 80.
N.º 81.
A
B
C
Intervalles de Septièmes. Renversement des Intervalles de Secondes.
(Théorie. § 120 à 124)

Récapitulation des intervalles contenus dans l'octave.

(Théorie. § 125 à 132)

SONGE EST MENSONGE.

CHANSON D'ENFANTS.

Où l'on a fait entrer tous les intervalles majeurs et mineurs contenus dans l'octave.

2

On dit qu'un songe
Est un mensonge
Et c'est bien dit,
Car cette nuit
J'avais finance
En abondance
Et ce matin
Je n'ai plus rien.

3

On dit qu'un songe
Est un mensonge
Et c'est bien dit,
Car cette nuit
J'etais à table
Très confortable
Et ce matin
Je meurs de faim.

4

Mais bon courage!
Conduite sage
Et des parents
Toujours contents,
N'est point mensonge
Et mieux qu'un songe
Assure au cœur
Un vrai bonheur.

— 92 —
= 100
Nº 85.
A
B
C

D
♩ = 104
№ 86.
A
B

C
D
E

N.° 87.
♩ = 100
A
B
FIN.
Même mouvement

D.C.
♩ = 100
Nº 88.
C
A

B
C

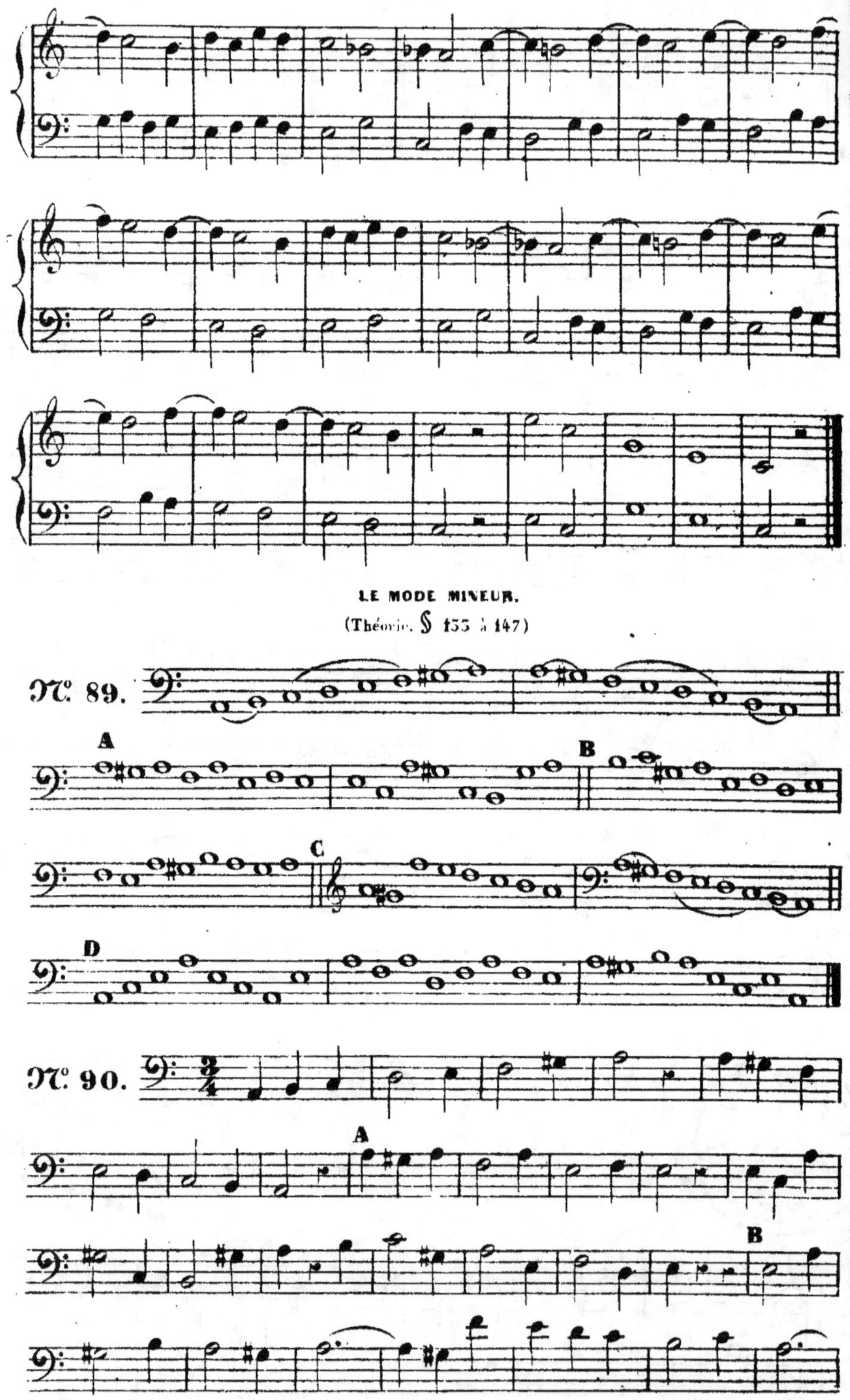

LE MODE MINEUR.
(Théorie. § 133 à 147)
N° 89.
A
B
C
D
N° 90.
A
B

N° 94.
A
B
C
D
LA DISTINCTION DES MODES ENTRE EUX.
(Théorie. § 148 à 150)
N° 95.
A
B
N° 96.
A
B
N° 97.

♪ = 120
No. 98.
A
B
9

Même mouvement
N° 99.

C
D

LE REMOULEUR.

Majeur et mineur relatif.

<table>
<tr><td>2</td><td>3</td></tr>
<tr><td>Je ne veux pas d'un sort qui se dénoue</td><td>Que le voisin ou me blâme ou me loue</td></tr>
<tr><td>Par des hasards que fait tourner le vent(bis)</td><td>De mon métier, j'ai lieu d'être content (bis)</td></tr>
<tr><td>Tourne toujours &</td><td>Tourne toujours &</td></tr>
</table>

Moreschal Duplessis.

Quelques formes mélodiques propres au mode mineur.

(Théorie. § 151,)

E
♪ = 144
№ 103.
A
B

C
FIN.
♩ = 100
3/4
D.C.

LE PÊCHEUR.

Chanson où l'on a fait entrer tous les intervalles propres au mode mineur.

2

Serais-tu donc plus clairvoyant que nous?
Tout hameçon dans le siècle ou nous sommes,
Lorsqu'il est d'or, doit prendre aussi des hommes.
Il faut de l'or c'est le besoin de tous.

3

Ah! t'y voilà! grossis donc mon butin,
Pour mon panier, quitte l'eau des rivières
Mais, pour adieu, ne dis pas à tes frères
Qu'en tout il faut considérer la fin.

Mareschal Duplessis.

LA MODULATION AUX CINQ TONS VOISINS.

(Théorie. § 152 à 155.)

A
B
FIN.
C

D
D.C.
♩ = 104
№ 108.
A
B

C
D
♩ = 104
N̲°̲ 109.

A
B
C
D
E

L'equivoque établi par la note sensible du mode mineur
rendue à la fonction de 5ᵉ degré du mode majeur.

(Théorie. § 156 à 158.)

La modulation aux cinq tons voisins par le demi ton chromatique.

(Théorie. § 159 à 165.)

A
B
C
D
E
♩ = 110
Nᵒ 113.
A
B

C
A
Nº 114.
2/4
2/4

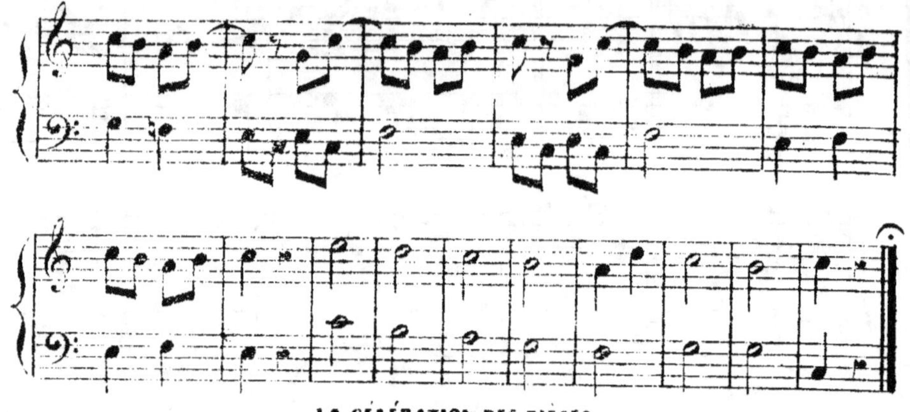

LA GÉNÉRATION DES DIÈSES

Le deuxième et le troisième Dièses, Les Tons qu'ils déterminent
et les Relations que ces tons ont entre eux.

(Théorie. § 167 à 175.)

N.º 115.

N.º 116.

Nº 117.
A
B
C
D
E
Nº 118.
A

B
C
FIN.
D.C.

La modulation aux cinq tons voisins.

(Théorie. § 173.)

♩ = 120 et ensuite à deux temps ♩ = 80
N° 121.
A
B
C

Le quatrième et le cinquième Dièse, Les Tons qu'ils déterminent
et les Relations que ces tons ont entre eux.

(Théorie. § 174 à 177.)

N° 122.

N° 123.

La même
Nº 124.
Nº 125.
A
B

♩ = 60
N° 126.

La modulation aux cinq tons voisins.

(Théorie § 178.)

N° 127.

N.° 128.
N.° 129.
= 168

FIN.
Même mouvement

D.C.
♩ = 92
№ 130.
A

Le sixième et le septième Dièses, Les Tons qu'ils déterminent
et les Relations que ces tons ont entre eux.

(Théorie. § 179 à 181.)

N° 131.

D
♩ = 104
№ 132.
A
B

№ 133.

Nº 134.
♩=60

Canon. ♩ = 100
Nº 135.
♩ = 60
Nº 136.

La modulation aux cinq tons voisins.

(Théorie. § 181.)

N° 137.

D
E
6
2
♩ = 120
No. 138.
A
B
C

Exercices dans tous les tons diésés.
(Théorie § 183 à 185)
Modulations au 5ᵉ degré
Nᵒ 139.
Modulations au 4ᵉ degré

Nᵒ 140.
Modulations au 5ᵉ degré
Modulations au 4ᵉ degré
Modulations au 5ᵉ degré
Nᵒ 141.
A

Modulations au 4e degré
N° 142.
Modulations au 5e degré
Modulations au 4e degré

F
Modulations au 5e degré
N° 143.
A
B
Modulations au 4e degré
C
Modulations au 5e degré
N° 144.
Modulations au 4e degré

Modulations au 5e degré
N° 145.
A
B
C
D   Modulations au 4e degré   E
F
G   H
I
J
Modulations au 5e degré
N° 146.
A

B
C
B Modulations au 4e degré
E
F
G
N° 147. Modulations au 5e degré
Modulations au 4e degré
♩ = 104 Modulations au 5e degré
N° 148.

Modulations au 4e degré

Modes majeurs et modes mineurs
dans tous les tons diésés.

LA GÉNÉRATION DES BÉMOLS

Le deuxième et le troisième Bémols, Les Tons qu'ils déterminent
et les relations que ces tons ont entre eux.

(Théorie. § 186 à 192.)

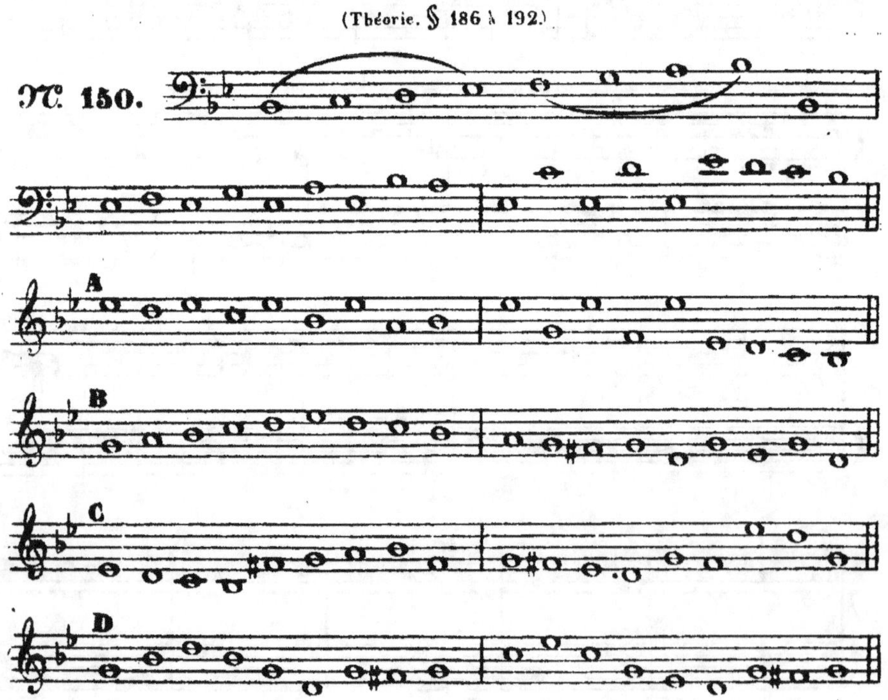

E
♩ = 100 et ensuite à deux temps ♩ = 76
N.º 151.
A
B
C

N: 152.
A

B
C
D
E
F
N° 153.
A
FIN.
B
DC

Nº 154.
♩ = 100
A
B
FIN.
C

Nº 155.

La modulation aux cinq tons voisins.

(Théorie. § 192.)

Nº 156.

Nº 157.

A
B

♪ = 104 et ensuite à deux quatre ♩ = 80
N° 158.

A
B
FIN.

Le quatrième et le cinquième Bémols, Les Tons qu'ils déterminent
et les relations que ces tons ont entre eux.

(Théorie. § 193 à 195.)

№ 159.

E
F
♩ = 84
N.º 160.
A
B

FIN.
Même mouvement
2/4
C

№ 161.
A
B
C
D
E
F
♩ = 86
№ 162.
A

FIN.
B
C
D.C.

La modulation aux cinq tons voisins.

(Théorie. § 195.)

= 104 et ensuite à deux temps = 76
N° 165.

Le sixième et le septième Bémols, Les Tons qu'ils déterminent et les relations que ces tons ont entre eux.

(Théorie. § 196 à 199.)

♩= 100
№ 167.
A
B
C

N.° 168.

№ 169.
A
B
C
D
E
F
№ 170.
♩ = 160

FIN.

La modulation aux cinq tons voisins.

(Théorie. § 198.)

Nᵒ 173.

Exercices dans tous les tons bémolisés.

(Théorie. § 200.)

Nº 114.

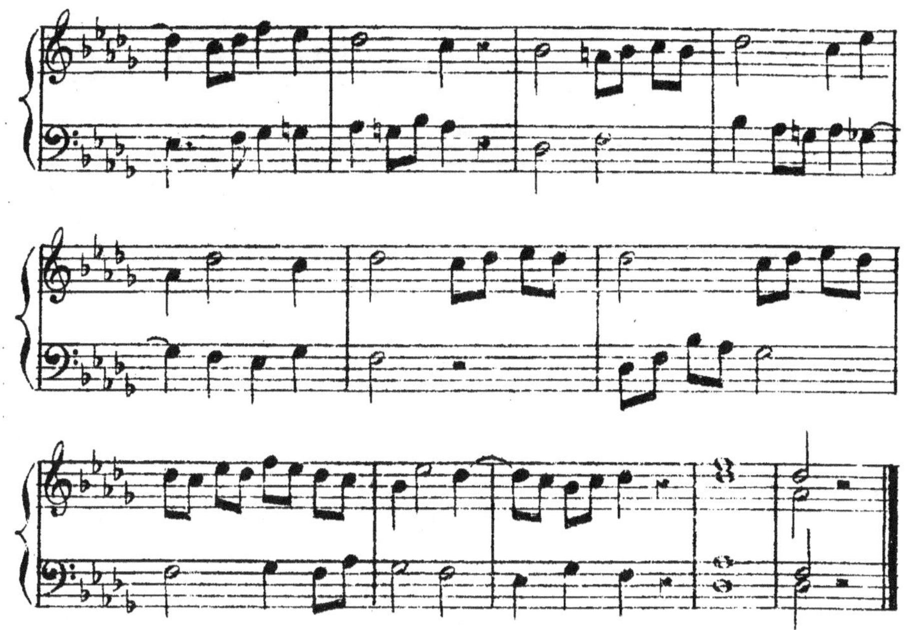

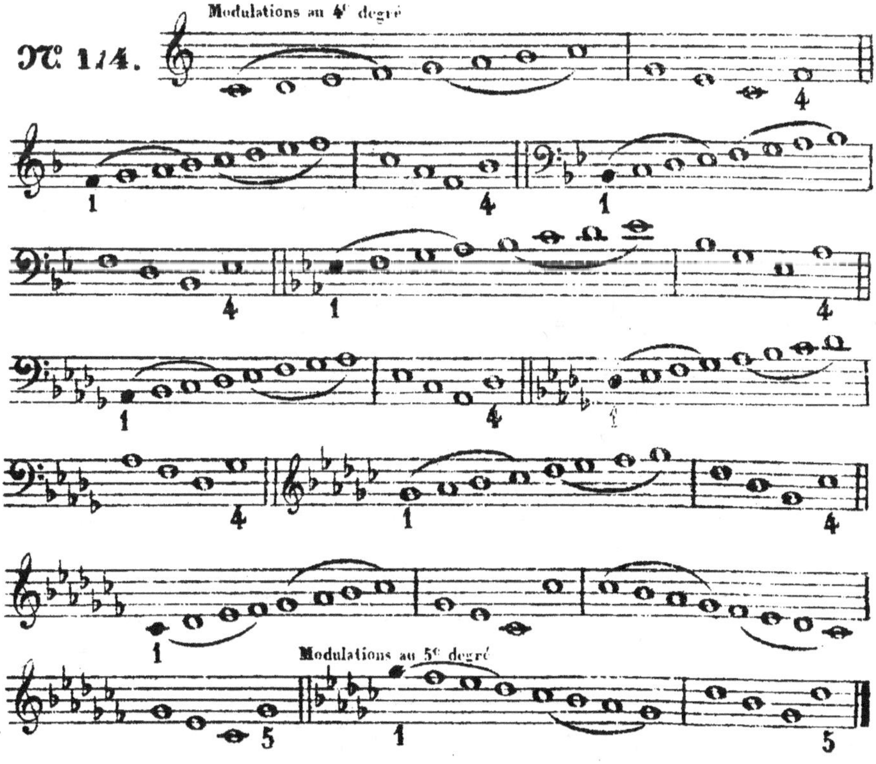

Modulations au 4e degré
N° 175.
Modulations au 5e degré

Modulations au 4e degré
N° 176.
A
B
C
D
Modulations au 5e degré
E
F
G
Modulations au 4e degré
N° 177.
A
B
C

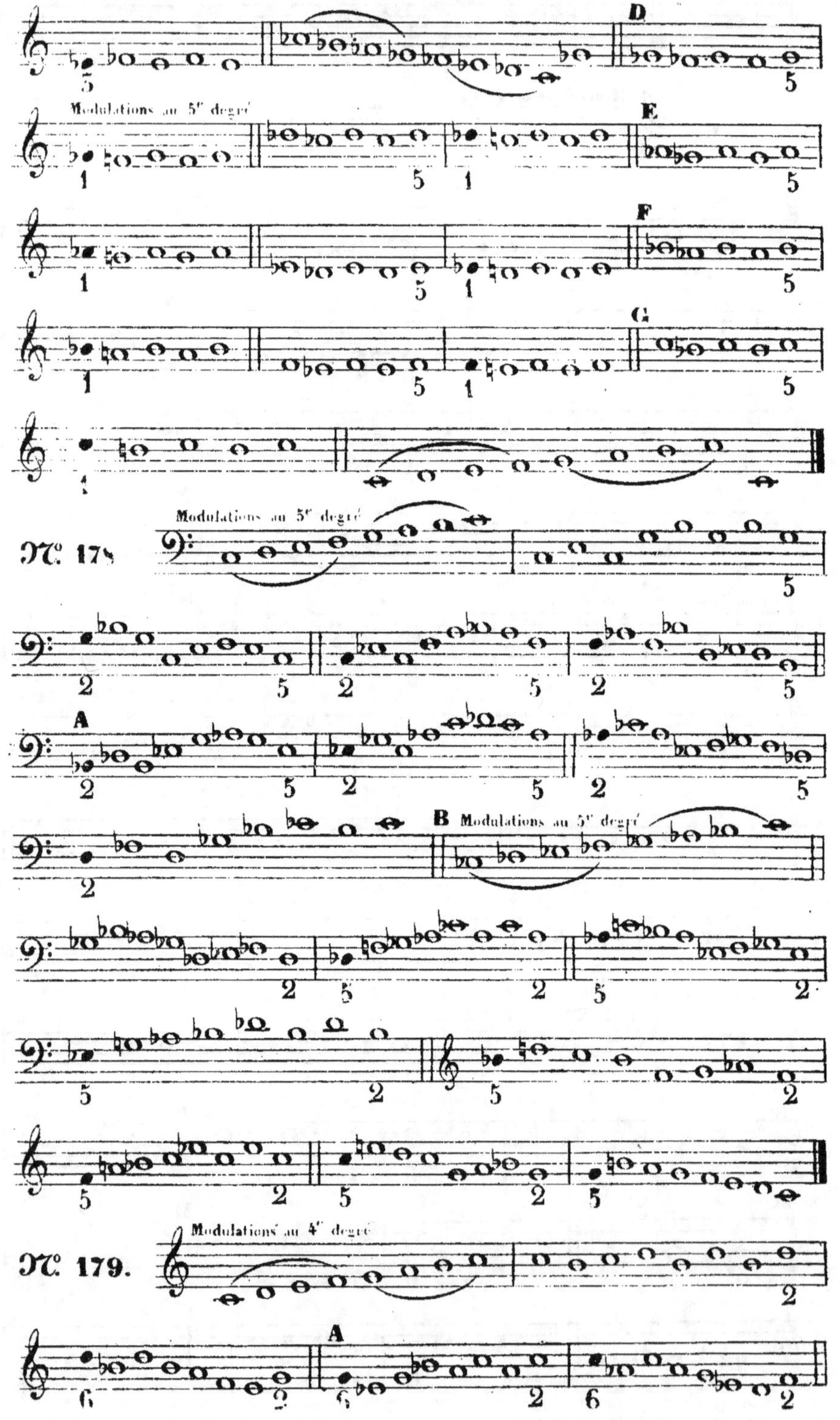
D
Modulations au 5e degré
E
F
G
N° 178
Modulations au 5e degré
A
B Modulations au 5e degré
N° 179.
Modulations au 4e degré
A

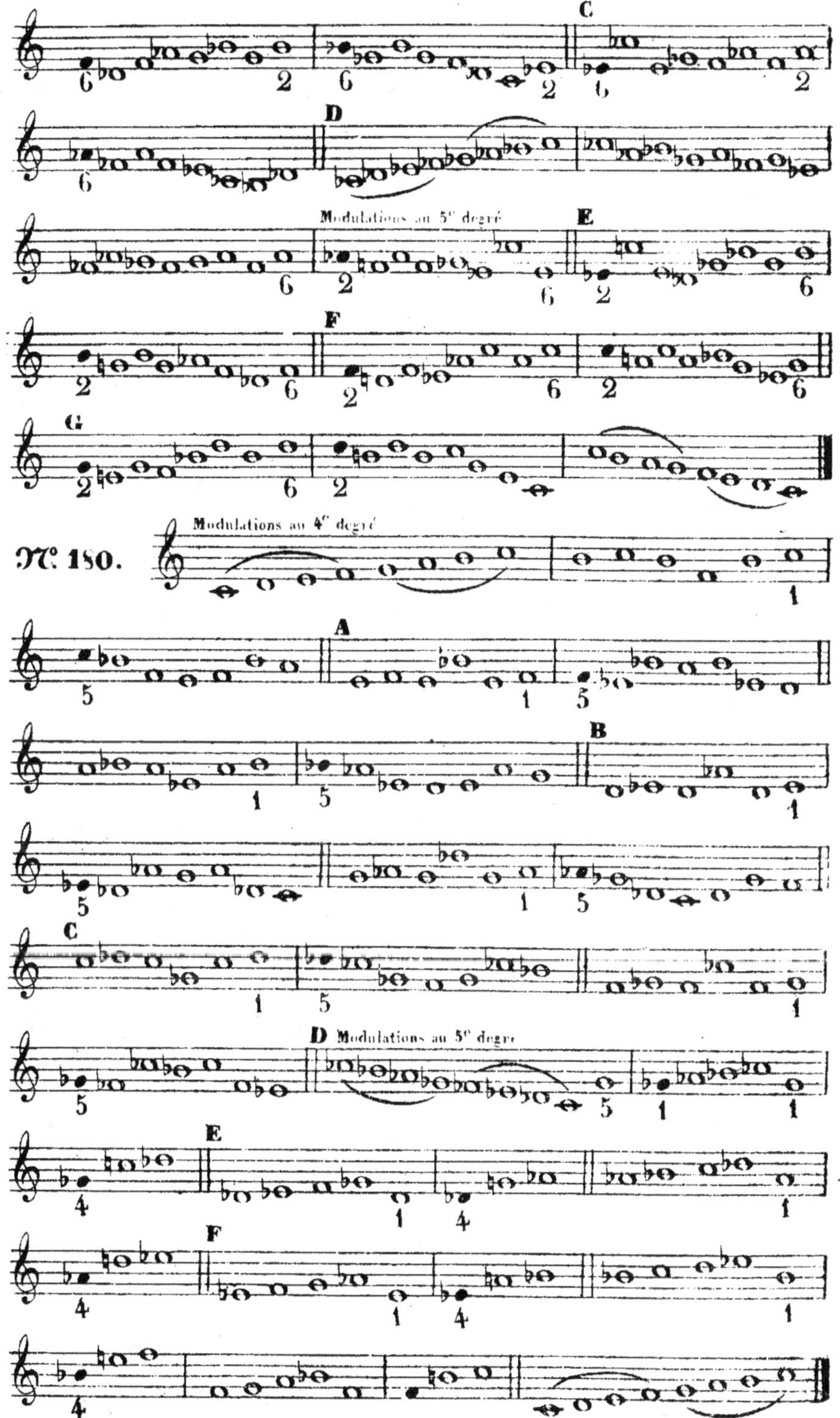
C
D
Modulations au 5ᵉ degré
E
F
G
Modulations au 4ᵉ degré
Nᵒ 180.
A
B
C
D Modulations au 5ᵉ degré
E
F

Modulations au 4ᵉ degré
N° 181.
A
P
C
Modulations au 5ᵉ degré
D
E
F
Modulations au 4ᵉ degré
N° 182.
A
Modulations au 5ᵉ degré

B
C
Modulations au 4e degré
N° 183.

Modulations au 5e degré

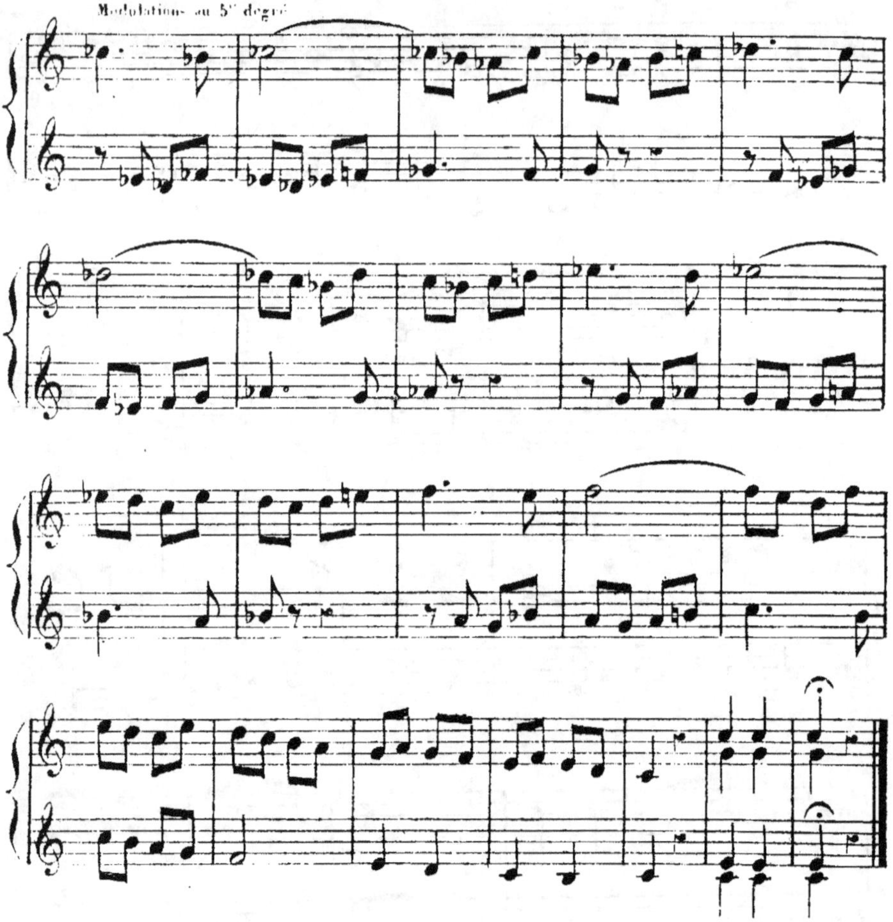

Modes majeurs et modes mineurs dans tous les tons bémolisés.

N° 184.

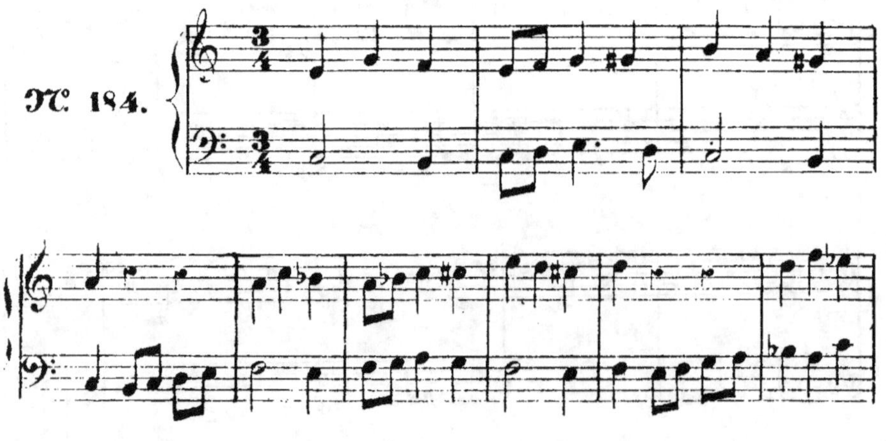

D

EXERCICES DE VOCALISATION.

(Théorie. § 208 et 209.)

N.° 188.
Toutes les voix
Voix aigues
Toutes les voix
Voix graves
Legato
N.° 189.
Voix aigues
Toutes les voix
Voix graves

Toutes les voix
La virgule indique l'endroit où l'on doit respirer.
N° 190.
FIN.
D.C.
N° 191.
pp

POUR APPLIQUER LES NUANCES À LA SOLMISATION

(Théorie. § 209 à 212.)

f
f
dim
cresc.
f
cresc.
f
rall. p
rall. p
♩ = 100
p
№ 193.

f
p

N.° 194.
= 144 et ensuite à 2/4 = 80
ff
pp
pp
pp
pp
pp

cresc.
cresc.
ff
ff
pp
PP
p
f
f
ff
ff
p
pp
V. AUBRY Graveur, P.ce Neuve 9.
FIN DU COURS ÉLÉMENTAIRE